Agradecimientos:

A mis familiares y amigos que de una u otra manera me ayudaron a concebir la estructura general de esta obra. Muchas veces a través de la lectura de mis escritos, comentarios o durante alguna plática informal, pero siempre aportando algo diferente para enriquecer este documento.

Deseo agradecer la colaboración de mi párroco, el Padre Juan, pues a pesar de llevar una agenda muy ocupada, siempre se hizo tiempo para analizar mis puntos de vista y hacerme sus muy valiosas y atinadas recomendaciones.

Agradezco a mi familia pues le ha tocado vivir este proyecto. A mis hijos: Karen y Brandon, por todos los domingos que se quedaron en casa mientras trabajaba. Agradezco a mi esposa Dilian, porque ha estado conmigo en cada etapa del proceso, analizando los detalles y dándome su punto de vista para hacer más claro mi mensaje. Porque sin su apoyo moral y colaboración directa en cada momento, no habría podido concluir con este trabajo.

Agradezco especialmente la intercesión de María, porque a través de ella pude conocer a Jesús. Debo decir que gracias a María, recibí una segunda oportunidad de vida.

Agradezco infinitamente a Jesús, porque gracias a su enorme sacrificio se nos ha revelado un Estilo de Vida en donde las personas podemos alcanzar el éxito y la realización personal sin que para ello se recurra al abuso, la falsedad o a la mentira. Y sin cometer arbitrariedades que afecten el patrimonio de nuestros semejantes o al presupuesto de la nación.

Finalmente, quiero elevar mi vista al Cielo, al mismo tiempo que extiendo mis brazos y coloco las rodillas en el suelo para agradecerte a ti, Padre Bueno, porque poco a poco has llenado mi vida de bendiciones, paz, amor y absoluta confianza en el futuro.

Gracias,

Oscar David Avila Castañeda

Índice

Dedicatoria:

Deseo sinceramente que esta obra sea el instrumento que te permita descubrir la Grandeza de Dios Padre, y así mismo, puedas descubrir lo que Jesús nos ha querido enseñar: que es posible construirnos un Estilo de Vida, del más alto nivel, sustentando las decisiones y obras en verdades sociales.

La decadencia de la raza humana es ocasionada por utilizar a la mentira como un instrumento para que los individuos puedan obtener un "beneficio" inmediato, pasando por alto, el inmenso perjuicio que a largo plazo se le introduce al ente social.

Jesús nos llama a construir la sociedad humana con el mismo cuidado con que un científico construye sus tesis. Porque basado en la Verdad Científica, el hombre ha desarrollado las ciencias y la tecnología. Y no hay otra alternativa para desarrollar la sociedad humana más que utilizar Verdades Sociales para poder cimentar el progreso.

La Verdad Social es el camino hacia una vida en plenitud: como persona, cabeza de familia, profesionista, artista o empresario. La única limitante para el desarrollo del ser humano es la verdad de su talento natural. Y la suma de los talentos dentro de un grupo social determinará la grandeza y desarrollo del mismo.

De ahora en adelante, los distintos estratos sociales ya no estarán determinados por la situación económica de las personas, por sus amistades o por sus lazos políticos. La diferencia entre unos y otros estará marcada por el talento personal para resolver los problemas y satisfacer las necesidades de la población.

Aprende que la verdad es el camino para alimentar y fortalecer el espíritu y así, podremos salir con vida de este mundo. Jesús está esperando a todo aquel que persevere en este noble propósito para recibirlo en la casa de su Padre. ¿Puedes imaginar lo que allá veremos? ¡Yo tampoco!

Introducción

Hace algunos años le hice el siguiente comentario a mi esposa: "Siento una profunda necesidad por escribir un libro". Aunque en aquel entonces no podía imaginar el contenido que ahora está en esta obra, debo decir que sentía, muy dentro de mí, algo tan bello y maravilloso que simplemente no podía mantenerlo oculto en mi interior. Su grandeza me causaba la necesidad de compartirlo.

Como respuesta a esa necesidad, he dedicado mi mayor esfuerzo para tratar de encontrarle sentido y utilidad práctica a la Palabra de Dios. Cosa que en nuestra sociedad nunca se ha logrado pues de un extremo nos hemos cambiado al otro.

Hubo un tiempo en que la influencia de la Iglesia estaba presente en la esfera política, económica y cultural del pueblo mexicano, sin embargo, el desarrollo social del país no se pudo alcanzar por una y mil razones que se pueden analizar en los libros de historia.

Ahora en la actualidad, se ha creado una enorme brecha que separa a la Iglesia del círculo de intelectuales y políticos del país. Se ha encapsulado a la Iglesia con el fin de evitar que vuelva a influir sobre las decisiones más trascendentales de nuestra vida en sociedad.

Esta lucha ente Iglesia, Estado y la corriente intelectual ha creado la falsa impresión de que esos pilares de la sociedad jamás podrán coexistir, sin que el desarrollo de uno afecte el buen funcionamiento del otro. Cosa que es absolutamente necesaria para garantizar el correcto funcionamiento de los pueblos.

La sociedad está confundida con esta situación y como resultado de ello, manejamos una escala de principios y valores muy indefinida ya que la configuración de su estructura se ha dejado a la discreción de cada persona. Me parece que la sociedad en general ha caído en una grave irresponsabilidad pues no se ha tomado en cuenta que somos diferentes en cuanto a capacidades y talentos. Además, la escala de valores es un asunto social pues no toda persona tiene la información necesaria como para identificar a primera vista los principios que le permitan convivir en armonía con el resto de la población.

Este manejo de valores personalizados provoca que los principios que deberían unificarnos e identificarnos como miembros del mismo pueblo, en realidad nos separen. Por lo que el mexicano es un ente aislado de su misma gente y esto evita que confrontemos los retos del destino desde un mismo frente común.

Como a cualquier otro ciudadano, a mí también me tocó vivir esta confusión de valores durante gran parte de mi vida. Haciendo un relato cronológico, debo decir que durante los años de mi niñez y durante los primeros años de la adolescencia, yo era una persona sumamente creyente y temerosa de Dios Padre gracias a la influencia de mi madre. Era tal mi fe, que muchas veces sentía que Él verdaderamente podía escucharme. (Hoy estoy totalmente convencido de ello)

Con el transcurso del tiempo y a medida en que cursaba grados más altos en la escuela, mi fe en el Señor se fue opacando pues cada día era más difícil encontrar coherencia entre su Palabra y el actuar de la gente en la vida diaria. Simplemente no le encontraba relación a lo que se decía en las iglesias y lo que se vivía diariamente en los hogares mexicanos. Al final, la sociedad me hizo llegar a pensar que la iglesia era una ocupación de mujeres y para hombres sin iniciativa propia.

La tendencia hacia la enseñanza académica está por encima de la capacidad de la iglesia para hacernos comprender la factibilidad del dogma cristiano. Por lo que desgraciadamente esta forma de pensar es algo que se sigue reproduciendo y masificando en la juventud a nivel nacional.

La falta de coherencia en el Plan Divino, provoca que la gente salga de sus filas para tratar de encontrarle sentido a la vida a través del curso y desarrollo de las ciencias. Porque el ser humano se siente atraído por todo aquello en que la mente encuentra un seguimiento lógico y por naturaleza, rechazamos las teorías sin sentido.

Debo decir que yo tampoco pude evitar que las maravillas de la ciencia captaran mi atención. Me gustaba escudriñar en ese mundo porque estaba convencido de que la solución a nuestros problemas se encontraba en el desarrollo de las ciencias y la tecnología.

Confiaba en la capacidad del intelecto humano para llevar a las multitudes hacia mejores niveles de vida. Me molestaba tratar con personas "de poca iniciativa". Sentía que era perder tiempo al tratar de hacer entender a quienes "no tenían nada que aportar". En aquel entonces, mi mente estaba convencida de que el origen de la pobreza y la desigualdad social, se encontraba en la falta de iniciativa por parte de los individuos: esta gente que carecía del carácter y la inteligencia necesaria para enfrentarse audazmente a sus problemas y darles solución.

Confiaba en los seres humanos como entes individuales con la capacidad de transformar y mejorar todo aquello que llegaba a sus manos. Por un tiempo alcancé el punto más elevado de confiar en el hombre y sus capacidades.

En una ocasión, una persona me hizo esta pregunta: "¿Si tú no crees en Dios, entonces, en quién confías?" Yo lo vi a los ojos y le dije: "Confío en todo aquello que es real, confío en ti, que estás aquí conmigo; confío en aquellas personas que podemos ver en este momento y en todos aquellos con los que puedo interactuar, pero no puedo creer en lo que mis ojos no pueden contemplar."

Fueron muchos los años en que nuestra sociedad me hizo pensar de ésa manera. Pero no hay mal que dure cien años, dice el refrán. A largo plazo y luego de buscar mi felicidad por varios caminos, finalmente me encuentro ante la cruda realidad de que los individuos responsables de motivar el cambio en nuestro país, han demostrado, durante varias décadas, su incapacidad e ineptitud para mejorar nuestros niveles de vida.

Nadie ha encontrado la manera para que todos pudiéramos disfrutar de una existencia sin tantas preocupaciones. Me doy cuenta de que la carrera del éxito, al estilo mexicano, es una lucha desordenada en la que si uno quiere sobresalir, forzosamente debe delinquir, porque hay muy pocas opciones para hacerse de un patrimonio de manera honrada. Un dicho popular dice: "El que no transa, no avanza". Y esto es el fiel reflejo del pensar y sentir del pueblo. Ante la incapacidad por tomar decisiones racionales ante nuestros problemas sociales, el pueblo ha optado por reproducir los esquemas de corrupción como una manera de sobrevivir en medio de la impunidad. Ahora me doy cuenta de que si algo hizo que yo recibiera una segunda oportunidad, fue mi firme decisión de no participar de esa funesta forma de alcanzar el éxito. Nunca concebí llegar a la cúspide del éxito personal a través de pisotear la dignidad humana. Cuando me di cuenta de que todo esto sucedía en nuestro entorno social, empecé a cuestionar mis convicciones.

Al poco tiempo, mi confianza en el ser humano se desplomó al experimentar, en carne propia, los resultados de sus obras y pésimas decisiones. Gracias a ello, ahora debemos tratar de sobrevivir en una sociedad deshumanizada, con altos índices en delincuencia organizada, corrupción en todos los estratos de la población, desempleo, devaluaciones, falta de circulante, derroche de recursos naturales, ineptitud, etcétera.

Sentí mucha desilusión porque para ése entonces había destinado los mejores años de mi vida tratando de alcanzar los anhelos más grandes del ser humano, pero todo había sido en vano. Estuve buscando asegurar mi porvenir en algo donde no había nada firme que pudiera cimentarlo.

Todos mis esfuerzos habían sido encausados por un camino falso que a la larga me dejó solo, triste y ante la amenaza de millones de personas que siguen tratando de sobresalir a costa de pisotear al enemigo, perdón: ¡Al prójimo!

Recuerdo un periodo de mi vida que fue realmente triste. Me encontraba sumido en la desilusión absoluta. Vivía, porque de pequeño mis padres me enseñaron a que uno no debe atentar contra su propia vida. A este periodo le llamé: "Vivir por vivir".

Recuerdo que pasó mucho tiempo en que no me interesaban las cosas. La vida para mi había dejado de tener sentido. Fue un tiempo en que mi mente dejo de buscar respuestas a todos los problemas de la humanidad, cosa que yo nunca he dejado de hacer desde muy temprana edad.

Un hermoso día me encontraba manejando en la zona urbana de la Ciudad de los Ángeles, California. A lo lejos me llamó la atención un anuncio espectacular ubicado al lado de la carretera, en el cual, había un mensaje en letras muy pequeñas.

Creo que me llamó mucho la atención el hecho de que fuera un anuncio con un espacio muy grande, pero en el centro, el mensaje era muy corto y estaba escrito con letras muy pequeñas. Todo lo que decía era: "Pray, it Works" (Reza, sí funciona)

Mi mente, vacía para entonces, empezó a recordar las enseñanzas de mi niñez. Recordé las lecciones de mis padres; mi formación católica, y me di cuenta de que a través de estos consejos nos decían que Dios Padre, era una alternativa para triunfar en la vida. Mi instinto de sobre vivencia me hizo aferrarme a esta opción y recuerdo haber mandado hacia Dios un mensaje similar a este:

"Señor, he tratado de buscar mi felicidad y plenitud a través de nuestras habilidades y aptitudes propias, pero esto no me ha llevado a ninguna parte. Pido perdón por todo lo que pude ofenderte dentro de mi ignorancia y a través de la actitud soberbia que esto mismo me hacía asumir. Hoy te suplico, altísimo Padre, me permitas explorar tus caminos para que apoyado en tu Divina Sabiduría, pueda yo enderezar mi vida y darle un verdadero sentido a mi existencia."

Desde ése día en que leí aquel anuncio... volví a rezar. Desde entonces, nunca he dejado de rezar. Rezo en las mañanas y al acostarme; rezo mientras voy manejando por el camino; rezo mientras estoy solo en el trabajo o en cualquier otro lugar.

Nunca he dejado de rezar desde aquel día y jamás dejaré de hacerlo mientras viva. El rezo, como bien decía aquel anuncio, verdaderamente funciona. La oración al Señor crea un ambiente de mucho bienestar alrededor de las personas y nos encausa hacia el encuentro de su Reino Espiritual.

En mi caso en particular, me tomó aproximadamente dos años para que empezara a notar los efectos de mis plegarias. De pronto, las cosas me empezaron a salir bien. Si en alguna situación había dos expectativas contrarias, recibía la opción más positiva. Ya no era como antes, en que todo lo malo tenía que sucederme a mí. Este fue el primer impacto en el cambio que experimenté, pero lo mejor estaba por venir.

En una noche en que desgraciadamente no puedo precisar la fecha, me encontraba durmiendo como de costumbre. Mi sueño en esa ocasión en particular era demasiado profundo. Recuerdo que poco a poco fui pasando de un estado inconsciente a un estado de sueño lúcido o totalmente consciente. Y en ese corto periodo se me dio a entender, con un lenguaje que no utiliza palabras, que rezara un "Padre Nuestro" para que el Señor me perdonara.

Con plenitud de conciencia inicié mi rezo, y en ese mismo instante, escuche una voz femenina que rezaba al unísono conmigo. Durante la plegaria, no pude evitar poner más atención hacia aquella voz que gloriosamente resonaba en mi interior. Y no pude evitarlo porque era una voz indescriptiblemente hermosa; era bella y a veces pienso que sonaba dulce, armoniosa, clara y perfecta.

Le comento a mi esposa que gracias a la magia del cine, la televisión y la radio, he escuchado muchas voces femeninas de gran calidad como la de algunas artistas y cantantes, pero de todas ellas, no puedo decir que su voz sea hermosa. Quizá se diga con toda razón que su timbre es muy particular y agradable, pero nada comparable con esta voz que en la intimidad me hizo el inmenso honor de acompañarme.

Terminamos juntos de rezar y todo acabó de forma abrupta. No recuerdo el instante siguiente al momento en que juntos dijimos... "Amen". Después de esto, volví a caer en un sueño profundo perdiendo conciencia de todo, tal y como me encontraba al principio. Con el transcurrir del tiempo, pude comprobar, a través de otros sucesos, que la voz era de María, la madre de Jesús.

Con esta experiencia, mi cerebro pudo dejar de pensar que Dios es letra muerta. Desde ése momento, la existencia de Dios es algo que ya no perturba mi entendimiento, como solía hacerlo, sino que ahora lo sustenta. Por fin, en mi mente existió la certeza de que Jesús realmente es el Hijo de Dios, pues se hizo uso de una parte de su obra para ayudarme a retomar el verdadero camino hacia la plenitud del ser humano.

Haber escuchado a María, le dio certeza a mi entendimiento para concebir la idea de que Jesús realmente goza de una forma de vida más elevada que la nuestra. Mi experiencia vino a darle realismo, sentido y coherencia a la Palabra de Dios. Ahora, pasajes bíblicos que para millones de personas no dicen nada, para mí se revelan como formas de hablar sobre la realidad de la humanidad y una manera de comprender la Grandeza del Creador, porque una cosa es leer que Dios creó al universo, y otra muy distinta, es escuchar a alguien que vive fuera de este mundo.

Me siento una persona sumamente afortunada por haber Escuchado a María interceder por mí, ante Dios Padre. Esto es algo realmente único y sumamente extraordinario. Algo que me llena de alegría, mucha confianza y bastante entusiasmo como para seguir luchando en esta vida para alcanzar las promesas de Jesús.

Al poco tiempo de mi extraordinaria vivencia sentí la necesidad por conocer al Señor. Y como la Biblia es el mejor recurso para ello, inicié mi lectura. Quiero remarcar que lo que más tomaba en cuenta en ese momento era el hecho de tratar de descubrir, a lo largo de los relatos ¿Por qué motivo el ser humano no había sido capaz de reconocer a su Creador? No leí la Biblia con el afán de encontrar sus contradicciones. El análisis en mi lectura se derivó desde la certeza de la existencia del Reino Divino, hacia el interés por encontrar la razón de la ceguera intelectual en el hombre.

No tardé mucho tiempo en darme cuenta de que todo lo que yo había estado buscando durante muchos años, en ese afán por mejorar el mundo y las condiciones de vida de los seres humanos, se encontraba escrito en los libros de la Biblia. Me di cuenta de que las respuestas por mejorar la calidad de las personas, para hacernos mejores ciudadanos y hombres de bien, estaban escritas desde hace miles de años.

Después, se vino sobre mí un profundo sentimiento de impotencia pues me daba cuenta de que no podía influir en el comportamiento de los demás: **¿Cómo hacerles ver que en el libro al que generalmente en nuestra sociedad nadie le hace caso, se encuentran las respuestas para cimentar el desarrollo social? ¿Cómo decirles que antes yo tampoco creía pero que ahora la certeza me motiva?**

Con el transcurso de los años y luego de consagrar mi vida a los asuntos del Señor, he podido comprender algunos de sus más grandes misterios: Antes de que el hombre pueda vivir en plenitud sobre la faz de la tierra, es necesario que acepte su muerte; que es necesario desprenderse del conocimiento humano para poder adquirir el conocimiento verdadero. Uno no puede crecer, sin antes renunciar a las grandezas de este mundo.

El ser humano es una criatura que intenta llegar a la vida eterna utilizando su capacidad intelectual. Últimamente ha puesto sus esperanzas en la Teoría Cuántica. Esperan que a través del desarrollo de esta rama de la ciencia, el hombre llegue a convertirse en un dios, capaz de crearse el mejor ambiente y las mejores circunstancias para la vida.

Realmente es el último gran disparate afirmado por los científicos. Recuerdo cuando afirmaban que en el cerebro cargábamos una gran cantidad de neuronas muertas pues cada día perdíamos millones de ellas.

Definitivamente las ciencias son un recurso invaluable para el desarrollo del hombre. Cada vez tendremos mejores materiales para la fabricación de manufacturas; mejores máquinas; aparatos; medicinas; lujos y sitios de recreo. Pero hay algo que las ciencias jamás podrán brindarnos: Vida Eterna.

El verdadero camino hacia la vida eterna se nos ha revelado a través del mensaje de Jesús. Y es un sendero que debemos recorrer sin aplicar tanta ciencia. Disposición, actitud y perseverancia son algunos de los elementos más importantes para este propósito. A partir de la oración y nuestra súplica constante hemos de recibir vida eterna proveniente del único Ser digno de toda adoración: Dios Padre.

Las palabras de Jesús: "Porque muchos son llamados, pero pocos son escogidos" es algo que todos los días se cumple. Cada día mueren en el mundo: un millón treinta y tres mil trescientas treinta y tres personas por distintas causas (Cifra de las Naciones Unidas) pero sólo unos cuantos tienen la dicha de recibir la eternidad del espíritu. Mis mejores deseos porque esta obra te ayude a convertirte en uno de ellos.

Primera parte

¿Por qué se proclamó Jesús como: "El Camino, la Verdad y la Vida"?

El desarrollo de una sociedad es un ideal que muchos pensadores, líderes y políticos han tratado de establecer para bien de las comunidades en el mundo. Pero hasta ahora son muy pocos los pueblos que han podido llevarlo a la práctica. Es por esto que debemos analizar, muy detenidamente, el fundamento humano en el Proyecto de Jesús:

En la vida del hombre, cada uno de nosotros nos enfrentamos ante los retos del destino tratando de utilizar el razonamiento y haciendo uso de la capacidad reflexiva, con el fin de encontrar las soluciones más propicias a los problemas y necesidades.

Por este motivo podemos afirmar que cada uno de nosotros trazamos y vamos recorriendo nuestro camino individual, de acuerdo a las circunstancias y al tiempo que nos ha tocado vivir; al ambiente en el que nos desenvolvemos y a nuestro mejor sentido común.

Ya sea de manera particular o en grupo, estas son las bases para enfrentarnos ante las adversidades del destino. Como personas, hacemos uso de la capacidad física y mental para tratar de darle solución a todo tipo de problemas dentro de la vida diaria.

Como grupo, apoyamos a todo aquél que dentro de sus argumentos encontremos lógica y factibilidad para llevar a cabo una tarea determinada, pero siempre y en ambos casos, nuestra capacidad intelectual es lo que determina el éxito y alcance de los proyectos.

Esto es lo que normalmente ha pasado durante toda la estancia del hombre sobre la tierra, pero desgraciadamente, esta forma de actuar ha causado muchos enfrentamientos entre nosotros mismos puesto que en muchas ocasiones, los objetivos que se pretenden alcanzar a través de avanzar por un camino en particular, se sobreponen a los objetivos de otras personas, y de éste deseo de tratar de conseguir el mismo objetivo, se han creado los incidentes que han llevado a la humanidad a luchar grandes batallas.

Los seres humanos trazamos rutas particulares e independientes cuando deseamos proyectar el rumbo de nuestro camino, y como esta forma de actuar es un hecho generalizado dentro de todo grupo social, siempre vamos a encontrar los caminos de otras personas que se cruzan delante del nuestro, y en ocasiones, los caminos de los demás avanzan totalmente en dirección opuesta al nuestro, causándonos grandes conflictos que llegan a arruinar por completo nuestros planes y deseos originales.

Si pudiéramos graficar la dirección en que se mueven cada uno de los caminos personales que existen dentro de una sociedad, presenciaríamos un esquema de líneas entrecruzadas que se dirigen hacia todos lados y sin ningún orden preestablecido. El caos y la confusión serían los elementos más significativos de una gráfica de este tipo, pues cada uno de nosotros intentamos alcanzar el éxito, y la felicidad para nuestros seres queridos, sin tomar en cuenta el desarrollo del resto de la población.

En este estado de cosas se encontraba la humanidad cuando Dios Padre decidió intervenir en la historia a fin de evitar que el hombre se siguiera destruyendo, el uno contra el otro, en su intento por conseguir sus sueños, deseos y aspiraciones.

Sin la intervención Divina jamás seriamos capaces de comprender que los hombres podemos caminar por senderos paralelos, de tal manera que podamos transitar hacia los mismos objetivo, aunque avanzando por carriles especializados, en los cuales, todos encontremos un espacio para desarrollar las habilidades físicas y mentales como un medio para alcanzar el éxito.

Es por esto que Jesús se proclama como "El Camino", pues de esta manera nos quiere introducir a una nueva forma de pensar en que la humanidad puede avanzar por la vida sin necesidad de entrar en disputas por tratar de conseguir los mismos objetivos.

Jesús se hizo llamar "El Camino", porque con su Proyecto de Desarrollo le da sentido y dirección al andar del ser humano, conduciéndonos hacia la realización personal sin entorpecer en el proceso la realización de los demás integrantes de la sociedad.

En esto radica la mayor diferencia en cuanto a definir prioridades: nosotros fijamos los objetivos tomando en cuenta las realidades que podemos observar de nuestro entorno natural y de acuerdo a las circunstancias del tiempo en que nos ha tocado vivir.

Jesús también hizo lo mismo durante su estancia en este mundo, pero la gran diferencia con el común de la gente, radica en el grado de fe que logró desarrollar sobre la existencia del Reino de los Cielos, y gracias a esto, alcanza establecer contacto con ese Reino Espiritual, consiguiendo tener acceso a la inmensa Sabiduría de Dios Padre.

Esto le hizo posible entender y tomar en cuenta al Plan Divino, y así poder ubicar a la humanidad en el lugar propicio para existir armoniosamente, no sólo con las verdades que podemos captar a través de los sentidos, sino con las verdades que mantienen en funcionamiento al resto del universo.

Jesús es la única alternativa para que el hombre llegue a concebir la forma de darle sentido y dirección a su caminar por sobre la tierra. De manera que aunque todos persigamos los más grandes anhelos del ser humano, no exista la posibilidad de enfrentarse el uno contra el otro, sino todo lo contrario: la energía de grupo permitirá que se alcancen las metas con mayor rapidez.

El objetivo primordial del mensaje de Jesús es ordenar y estratificar los verdaderos principios y valores del ser humano. Lo que a nosotros nos corresponde es profundizar en sus enseñanzas para poder crecer en la fe. El tamaño de la fe será determinante para generar en nuestro ser una Actitud Correcta Ante la Vida.

Esto es parte del proceso que Jesús llamó "El Camino". Primero debemos ubicarnos mentalmente es todos sus principios y valores para que la fe en estos preceptos nos permitan desarrollar la actitud necesaria para adentrarnos en el terreno de las convicciones. El hombre actúa de acuerdo a las ideas que tiene metidas en la cabeza y cuando las convicciones auténticas guían las decisiones y obras que realizamos, podemos decir, muy enfáticamente, que nos hemos convertido en Hombres Auténticos. El Hombre Auténtico ya no actúa arrebatadamente; no hace nada improvisado porque su forma de pensar le establece obrar con mucha reflexión y análisis. El hombre auténtico no se deja llevar por caprichos o intereses personales pues su formación le establece buscar ante todo el bien común.

En su momento analizaremos más características que distinguen al Hombre Auténtico, por ahora sólo baste decir que el Hombre Auténtico es la Unidad Fundamental para el Desarrollo Social. Y esto es todo lo que cualquier sociedad humana necesita para cimentar la transición hacia un Estilo de Vida superior.

Jesús también se proclama como: "La Verdad". Porque a través de su Palabra el hombre puede formarse una idea de todo lo que existe más allá del alcance de los sentidos; más allá de lo que podemos captar de la inmensidad del universo con el uso de los instrumentos construidos a través de la ciencia y la tecnología.

Sólo de esta manera podemos llegar a formarnos una idea muy generalizada de la realidad del cosmos, cosa que a la ciencia le tomaría miles de años para llegar a descubrirlo.

Podemos decir también que Jesús es La Verdad porque con el testimonio de su Palabra el hombre tiene la fantástica oportunidad de conocer los detalles que Dios Padre incluyó al momento de instituir el destino de la humanidad. Jesús, como una alternativa por evitar la perdición del hombre, nos revela secretos o verdades sociales por las que hemos de pasar todos los seres humanos. No hay que olvidar que se nos ha hecho coexistir en este mundo junto con el bien y el mal. Aunque no tenemos bien en claro los motivos que originaron esta situación, la realidad es que debemos conocer el modus operandi del mal para después compararlos con los planes que el bien nos presenta como una alternativa hacia la instauración de la paz y la justicia en nuestras sociedades.

Jesús también se designó como: "La Vida". Y los tres términos son partes complementarias con las que Jesús nos hizo la revelación más hermosa para el conocimiento de la humanidad: "El Camino", es la única alternativa al alcance del ser humano capaz de cimentar el desarrollo de personas y pueblos y esto nos conduce al conocimiento de "La Verdad en el Universo", en donde se encuentra el origen y fuente de "La Vida". De tal forma que La Verdad, es la verdadera fuente de vida.

Segunda parte

La acción positiva y liberadora de la verdad.

Hace unos dos mil años Jesús trató de revelarle a la humanidad los incontables beneficios que los hombres podemos obtener si utilizamos a la verdad como una herramienta para encontrar la solución a todos nuestros problemas y necesidades. Desgraciadamente para las generaciones pasadas, sus circunstancias no fueron propicias para que lograran concebir los alcances de tan profundos conceptos y optaron por seguir apegados a la costumbre humana: Utilizar el abuso, la falsedad y la mentira como el medio para conseguir algún beneficio inmediato sin meditar en el daño social a largo plazo.

Hoy en día, las condiciones de nuestro mundo actual nos son más favorables, por lo tanto, tenemos una mejor oportunidad para finalmente descubrir el verdadero alcance y la dimensión correcta del mensaje de Jesús.

Como hemos dicho, uno de los temas fundamentales dentro de sus enseñanzas es: "la verdad". Y para nosotros, comprender la importancia de la verdad en nuestra vida personal, familiar y social, debe ser un asunto de suma importancia porque **la verdad es el cimiento sobre el cual podemos edificar una estructura social capaz de canalizar el talento de los particulares hacia la obtención de metas y objetivos para el beneficio común**.

Estimado lector, pongamos mayor atención al mensaje de Jesús para poder encausarnos hacia el progreso y la plenitud del ser humano. Y debemos poner atención, porque Jesús nos habla del orden de cosas y del sistema social que se practica en el Reino de los Cielos, pero de esto, comprendemos muy poco.

A lo que estamos acostumbrados y fácilmente podemos concebir, es un mundo en donde se practica la corrupción. Cualquiera de nosotros nos damos ideas para lograr acumular bienes de manera fraudulenta; entendemos muy bien sobre el mundo que se maneja a través de las influencias y los amigos; familiarizados con el mundo gobernado por unas cuantas familias anteponiendo sus intereses de grupo por sobre el beneficio de toda la sociedad.

Sabemos del reinado del dinero que se instala por encima de la dignidad y los derechos humanos; familiarizados con las tareas por conquistar los caprichos personales por encima del bien común. Para comprender el mensaje de Jesús, es necesario despojarnos de todo lo humano, principalmente de aquellos malos hábitos y peores prejuicios, para así poder dar cabida en nuestro ser, a la nueva forma de ver y entender la vida; nuestro mundo y al universo que nos rodea.

A continuación, analicemos como el hombre ha recibido una cantidad innumerable de beneficios a través de cimentar el conocimiento en la Verdad Científica.

CAPÍTULO I.- Como la verdad nos ha liberado de tareas monótonas y repetitivas.

La capacidad liberadora de la verdad está basada en el hecho de que con ella podemos analizar nuestra realidad y obtener certeza de los hechos de manera inequívoca, pues **la verdad es el mejor elemento de juicio**. Y este proceso de análisis de la realidad, en base estrictamente en verdades, nos brinda la posibilidad de que nuestras decisiones adquieran un carácter de validez universal.

En los procesos sociales, como en los científicos, el hecho de entrelazar las verdades ocurridas durante algún evento, le da claridad al entendimiento y esto nos permite la posibilidad de sacar buenas conclusiones, y estar en mejores posibilidades de orientar el rumbo de nuestras acciones hacia la obtención de metas y objetivos que más beneficien a la sociedad en su conjunto.

La verdad nos ha traído un sinnúmero de beneficios, pero muchas veces no hemos prestado la atención debida para darnos cuenta de ello. Sabemos que las ciencias y la tecnología se han desarrollado de forma fantástica, y este gran crecimiento, sólo fue posible porque se tomó a la Verdad Científica como base para la construcción del conocimiento humano.

La Verdad Científica, específicamente, ha liberado al hombre de muchas labores difíciles y monótonas; de enfermedades que antes no tenían explicación y en general, ha colmado al mundo de grandes comodidades que nos hacen la vida más placentera.

De la misma manera, la Verdad Social tiene la capacidad de liberar al hombre de sufrimientos innecesarios. El proceso para reconocerla y aprender a usarla como una herramienta a nuestro favor, se irá clarificando con la práctica y la perseverancia. Como un primer momento, quiero remarcar la forma en que la Verdad Científica ha logrado transformar nuestro mundo en un mejor lugar para vivir, pues ambas comparten un mismo origen.

Hay cosas ordinarias que por haber estado siempre con nosotros las vemos como "Cosas Normales". Por ejemplo: es algo normal que al abrir la llave del lavado inmediatamente empiece a caer agua. Pero en la historia del hombre esto no ha pasado siempre.

Hace no mucho tiempo atrás, la gente tenía que acarrear el agua desde pozos, ríos o manantiales para poder disponer de ella en los quehaceres del hogar; para cocinar, lavar y para el aseo personal. Lo normal en aquellos días era realizar varios viajes hasta la fuente de agua más cercana para poder mantener un hogar limpio y a sus ocupantes en buenas condiciones de higiene.

Hoy en día, la Verdad Científica nos ha liberado de gastar tiempo y un gran esfuerzo, para que el agua llegue a nuestros hogares. Y digo que es la Verdad Científica porque detrás de cada llave que existe en la civilización, está el trabajo de muchísima gente que con su esfuerzo físico o mental, hicieron posible que nosotros contemos con tan vital líquido, con el simple hecho de darle vuelta a una llave.

Para que pudiéramos disponer del agua con toda comodidad se gastaron muchas horas-hombre en labores de investigación, planificación y ejecución. Largas sesiones de trabajo para planificar los proyectos que harían posible el almacenamiento, tratamiento y conducción del agua, desde su lugar de origen hasta los hogares. Las labores físicas requeridas para ejecutar estos proyectos (Instalación de las redes de distribución, estanques de almacenamiento, bombeo, etc.) es algo que también demandó de muchas horas de arduo trabajo por parte de miles y miles de personas. El diseño y fabricación de llaves, tubos y bombas eléctricas, en los que el trabajo intelectual de científicos e ingenieros se sumó al trabajo físico de obreros, es una empresa que a la humanidad le tomó mucho tiempo y grandes esfuerzos para que se hicieran una realidad al servicio del ser humano.

En este sentido, ahora podemos asegurar que gracias a la acción coordinada de mucha gente que utilizó una gran variedad de verdades científicas, en esta majestuosa labor de llevar agua a los hogares, nosotros nos hemos liberado de la tediosa labor de utilizar las cubetas para acarrearla. Y de esta manera, podemos dedicar este tiempo en otras labores de mayor productividad. Por lo tanto, debemos entender que: efectivamente, la Verdad Científica nos ha hecho libres de padecer la monótona tarea de llevar agua para el servicio y consumo dentro de los hogares.

Como la llave de agua, la estufa o los electrodomésticos, todo aparato que con la ayuda de las ciencias y la tecnología se ha creado, conlleva una serie de etapas en las cuales han participado muchos seres humanos.

Se dice que detrás de cada cosa ordinaria hay una historia extraordinaria porque para la elaboración de los productos manufacturados, medicinas y artículos con tecnología de punta, intervienen muchas personas agrupadas en grandes empresas, que a través de su esfuerzo conjunto han logrado establecer procesos de producción, de tal sofisticación, que parecen ser sacados de una novela de ciencia ficción.

En muchos de estos procesos las industrias han hecho coincidir, como un gran director de orquesta, que la investigación científica se haga una realidad a través del trabajo organizado y sincronizado entre personas, ideas, verdades y máquinas. Todo esto con la intención de producir objetos que nos ayuden a facilitar nuestras tareas en la vida diaria y hacer más fácil la existencia del ser humano.

Hoy las cosas son muy diferentes a lo que fueron en el pasado próximo y para el futuro serán mucho mejores. El desarrollo de las ciencias y la tecnología ha permitido a la humanidad realizar labores que antes eran inimaginables. El hecho de comunicarnos de manera inmediata con personas de otras regiones del planeta es algo que para apenas hace menos de dos siglos era una tarea imposible de imaginar.

La posibilidad de dar la vuelta al mundo en pocos días, o quizá horas, también era algo imposible de imaginar para las mentes de las generaciones pasadas. Pero gracias a esa determinación de los hombres de ciencia por no cimentar el crecimiento del conocimiento humano sobre nada que no sean verdades comprobadas, podemos disfrutar de muchos adelantos y comodidades.

Las ciencias y la tecnología han producido muchos beneficios para bien de la humanidad gracias a que en todo el mundo existe mucha gente comprometida con la Verdad Científica. Gente que tiene la convicción de que sólo con la verdad es posible crear cosas muy valiosas, duraderas y benéficas.

En este contexto podemos afirmar que: **la verdad es liberadora, cuando el ser humano la utiliza como una herramienta y a través de su talento, la coloca en el espacio ideal para cimentar el bien común.** Y así como la Verdad Científica, aplicada al control de los fenómenos naturales, ha liberado al hombre de sufrimientos innecesarios, de la misma manera, Jesús nos revela que la dinámica de la Verdad Social nos puede liberar de los mayores problemas que enfrentan las sociedades de nuestro tiempo.

Los falsos dirigentes, la corrupción y la delincuencia, son sólo un ejemplo de todo lo que la Verdad Social puede liberar de la espalda de la humanidad si sólo somos capaces de comprometemos con la Verdad Social, y desarrollar sus capacidades, de la misma manera como la gente utilizó y se comprometió con la Verdad Científica en el desarrollo de las ciencias y la tecnología.

CAPÍTULO II.- Como la verdad nos libera de la delincuencia.

En los países del primer mundo, cada día les es más difícil a los delincuentes hacer sus fechorías y salir impunes de ello. Y es que dentro de este tipo de sociedades se ha hecho una buena costumbre el analizar los hechos con la ayuda de las ciencias. Obviamente la persona que comete un delito nunca va a confesar que él es el culpable y tomando en cuenta esta realidad del ser humano, se ha echado mano de las ciencias para poder distinguir entre una persona inocente y un delincuente común.

El análisis de los hechos con ayuda de la tecnología, ha permitido enfrentar a los delincuentes con verdades científicas irrefutables. Y aunque el delincuente siempre busca despistar al investigador borrando sus huellas de la escena del crimen e inculpar a otros, la ayuda de la verdad esclarecida a través de la ciencia, ha sido la única herramienta que a los responsables del orden les ha servido para poner en la cárcel a los verdaderos culpables y evitar encerrar a gente inocente que las evidencias circunstanciales podrían culparlos de crímenes y delitos que en realidad no han cometido.

Gracias a la maravilla de la televisión, hoy podemos ver muchos programas en los cuales nos narran las dificultades que las autoridades tienen que enfrentar para realizar una tarea eficaz. Las series: "Detectives Médicos", "Los Archivos del FBI", etc., son ejemplo de cómo la ciencia y la tecnología se han utilizado como una herramienta para liberar a la sociedad del azote innecesario de la delincuencia.

En estos programas se puede comprobar, y aprender, la manera como las autoridades del primer mundo analizan la escena del crimen con la ayuda de profesionales en distintas áreas, con el fin de esclarecer los verdaderos acontecimientos que llevaron a la pérdida de vidas humanas. Para esta gente no hay un crimen perfecto pues en la ciencia cada día hay mejores herramientas para descubrir la verdad, a pesar del esfuerzo de la delincuencia por ocultarla.

Las diferentes técnicas que los científicos utilizan para rescatar huellas digitales de lugares y sobre materiales que uno ni siquiera se imagina que es posible extraerlas, son algo realmente asombroso y útil, ya que esto, sin lugar a duda, vincula al verdadero culpable a la escena del crimen.

La posibilidad de realizar un cateo en el domicilio de un alto sospechoso, muchas veces ha permitido a la ciencia comprobar que éste sujeto estuvo en la escena del crimen, por el hecho de que en su ropa, calzado o automóvil se hayan encontrado fibras textiles de prendas o muebles propiedad de las víctimas. También han encontrado partes físicas de la víctima como cabellos y sangre.

Los expertos en balística son también una extraordinaria herramienta ya que son capaces de determinar si un arma en particular fue utilizada para cometer un delito.

El análisis de sustancias utilizadas como aceleradores de incendios, como medida de los delincuentes para hacer desaparecer las evidencias de un crimen, también ha permitido a las autoridades rastrear al verdadero culpable. Con la ayuda de todos los expertos involucrados ha sido posible solucionar casos tan difíciles, que hacen pensar a las mentes de los oficiales de otros países, que sólo es una cuestión de ciencia ficción pero todo es real porque al buscar la verdad de los hechos, con ayuda del microscopio, nuestro razonamiento encuentra mayor cantidad de elementos de juicio.

La herramienta más reciente que ha permitido a la ciencia identificar sin duda alguna a los culpables y liberar a muchas personas inocentes de la cárcel, es el análisis del ADN. Y mucha gente que en el pasado fue culpada por la presencia de otra evidencia circunstancial, hoy vuelve a gozar de la libertad, gracias a que la Verdad Científica ha dado testimonio de su inocencia.

La participación de los particulares muchas veces hace la diferencia entre encerrar a los delincuentes o permitir que anden en las calles causando daños innecesarios a más personas. El testimonio de testigos es vital en este gran proyecto de descubrir la realidad de los acontecimientos como base para la aplicación de la justicia.

En muchas ocasiones a los oficiales del orden les es imposible encontrar evidencia científica en la escena del crimen, pero todo esto puede ser substituido por el testimonio veraz de algún testigo presencial. Este testimonio tiene la misma virtud clarificadora de la evidencia científica cuando la persona se basa en la verdad de los acontecimientos para elaborar su relato.

Con mucha pena debo hacer la aclaración de que el testimonio de las personas es de gran ayuda sólo dentro de un sistema social que valora los beneficios de vivir de acuerdo a la verdad de los hechos. Porque dentro de un sistema social diferente, dar un testimonio puede ser contraproducente, pues en lugar de analizar la escena del crimen con una actitud científica, algunas autoridades optan por culpar a todo aquel que estuvo cerca de la víctima y esto pone en riesgo a todo hombre de buena voluntad. Esta es la razón por lo que todo mundo huye de la escena del crimen.

Cuando hay una sociedad comprometida por vivir apegados a la verdad, se involucran todos los integrantes del sistema con el fin de que la verdad sea la base para la toma de decisiones. Y en este proceso se compromete la acción de la autoridad, con la ayuda de expertos en todas las áreas. Las Instituciones Públicas, Universidades y la iniciativa privada también participan en este esfuerzo conjunto por sacar a la luz la verdad de los acontecimientos para que esto sea la base para la aplicación de la justicia.

Como podemos comprobar, la verdad es una herramienta con la cual el ser humano puede recibir una cantidad inimaginable de beneficios, siempre y cuando, en las personas exista la convicción de utilizar esta verdad para cimentar el bien común. No es sólo el hecho de tener a la verdad entre las manos, sino todavía más importante, es el hecho de saber: ¿qué hacer con la verdad? Porque no basta con sacar la verdad a la luz del día, sino tener la Actitud Correcta ante la Vida para utilizarla como una herramienta que cimiente y mantenga en marcha un proceso hacia el desarrollo de cada comunidad a lo largo y ancho del mundo.

CAPÍTULO III.- Como la verdad nos libera de los falsos líderes.

Dentro de toda sociedad existen varios candidatos que se dicen capaces de promover el bien común y elevar el nivel de vida en sus localidades, pero nosotros como ciudadanos comunes ¿qué podemos hacer para identificar a quien verdaderamente sea una alternativa para el desarrollo de la comunidad?

Desgraciadamente las verdades sociales son de diferente origen y naturaleza que las verdades científicas. Las científicas permanecen por siempre dentro de la naturaleza o sus fenómenos, mientras que las verdades sociales tienden a desaparecer con el tiempo. **La conciencia humana es el único sitio en donde las verdades sociales pueden grabarse de forma natural pero temporalmente**, por este motivo, si verdaderamente deseamos comprometernos con la Verdad Social, es preciso que nos hagamos de instrumentos de control, para que las decisiones y los hechos de cada individuo, queden perfectamente relatados en un registro permanente.

Todos los días la gente toma muchas decisiones y ejecuta obras, por este motivo, es de suma importancia que nos hagamos del buen hábito de llevar un registro de estos hechos. Esto nos permitirá construir una Conciencia Social a la cual podremos recurrir para conocer e interpretar la verdadera actitud y trayectoria profesional de cada persona.

La humanidad ha dado grandes pasos dentro de esta rama por lo que nosotros ya no es motivo de improvisar sino más bien debemos aprender de lo que los demás han hecho. Me refiero a que en otras sociedades existen parámetros para llevar registro de las labores de los particulares a nivel técnico, profesional o de servidores públicos.

En países del primer mundo por ejemplo, una persona que se dedica a la fontanería tiene muy buenos ingresos. Pero su buena paga se debe al hecho de que este individuo debe actuar con honestidad al efectuar sus labores. Esta persona debe estar acreditada por el estado para que toda reparación que se efectúe en las propiedades que lo requieran, se realicen con los estándares que el mismo estado determina.

Esto, con el fin de que los inmuebles mantengan su funcionalidad, confiabilidad y que la falta de profesionalismo en las reparaciones no devalúen el precio de los inmuebles. En caso de que la persona no sea capaz de efectuar un trabajo eficiente, el estado le retira su licencia y esta persona debe buscar su desarrollo personal en un área diferente.

Como este tipo de prácticas son comunes en todos los distintos estratos de la sociedad, es muy difícil que las personas alteren los estándares preestablecidos y continúen desarrollando sus mismas labores sin que tengan que explicar y pagar por sus errores.

Los registros sobre el profesionalismo de las personas, les brindan la posibilidad de seleccionar a la gente capaz y rotar a los demás en otras funciones hasta que encuentren el sitio desde donde pueden verdaderamente servir a la sociedad sin que su trabajo represente un riesgo o retroceso para los demás.

Llevar un registro sobre la actuación de los individuos en medio de la sociedad es un asunto sumamente importante, pero resulta de mucha mayor importancia llevar un control pormenorizado de todos y cada uno de nuestros representantes sociales. Presidentes, gobernadores, legisladores, jueces, maestros, etc. Todo aquél que reciba un salario por parte de las instancias públicas, debe llevar un seguimiento y reporte de las decisiones y obras en su vida como servidor público. Lo mismo debe ocurrir en el sector privado pues la sociedad es una encrucijada en donde las decisiones de unos pocos tienen repercusión en la vida del ente social. Por este motivo debemos dejar de pensar que la vida de los demás no nos interesa, porque en este mundo globalizado nadie está exento de sufrir las malas consecuencias que los actos y acciones del resto son capaces de generar.

El uso de este tipo de instrumentos, que en su masificación nos permitiría tener acceso a todo tipo de estadísticas confiables, es uno de los mejores métodos para que la sociedad pueda construir su Conciencia Histórica. Conciencia que nos permitirá tener a nuestro alcance los mejores elementos de juicio para analizar el verdadero profesionalismo y dedicación de las personas. De esta manera, será muy fácil orientarnos como votantes para que nuestro apoyo haga llegar a la dirección de una empresa, población o país, al candidato que realmente busca el bienestar común, y que verdaderamente tiene la capacidad y el talento para desempeñarse como el mejor líder en su ramo.

En esto radica la importancia de aprender a actuar con autenticidad, pues así podremos llevar una existencia apegada a las verdades de nuestro mundo y con lo cual nos haremos de los mejores elementos de juicio para utilizarlos a favor del desarrollo común.

CAPÍTULO IV.- Como la verdad nos libera de la corrupción.

Para mi forma de ver y entender el fenómeno de la corrupción, éste tiene su origen en varios aspectos sociales:

a).- Se practica la corrupción cuando los individuos no comulgan con los valores y principios de los estatutos nacionales. Cuando la gente ve a las leyes como un instrumento de sometimiento o un pretexto para el abuso, más que un plan para el desarrollo y beneficio de las personas que conforman a una nación determinada.

b).- Los individuos se inclinan ante esta forma de actuar, que es por naturaleza antisocial, por el motivo de que dentro de su concepción mental no son capaces de concebir los beneficios que las normas y leyes promueven a través del trabajo organizado. Y esto puede ser una consecuencia lógica cuando no se tiene la oportunidad de comprobar, en carne propia, que el orden y la legalidad generan bienestar para todos.

c).- Los individuos practican la corrupción cuando se sienten excluidos de los proceso para el desarrollo social. Cuando no hay una relación directa y franca entre lo que dicen las leyes y lo que hacen las autoridades. Cuando no tiene sentido obedecer, ni solidarizarse con nadie, pues cada uno pone todo su empeño y capacidad intelectual para buscar su beneficio personal.

d).- Los individuos practican la corrupción cuando se dan cuenta de que la búsqueda por el bien común se ha desplazado al papel y los discursos oficiales. Porque la experiencia nos enseña que los programas de desarrollo, implementados en base a ideas y doctrinas humanas, no incluyen a todos los individuos. Los verdaderos beneficiados con este tipo de proyectos son unos cuantos y margina a la mayoría.

e).- Se practica la corrupción como una manera de asegurar el futuro de los seres queridos, pues los planes para el desarrollo de la sociedad en general, no parecen factibles en la mente del ciudadano común. Por este motivo, se lanzan a comprar puestos o falsos títulos universitarios, pues su corta visión y la falta de eficiencia en las normas, generan incertidumbre para el futuro de mucha gente.

f).- La corrupción es la alternativa de un pueblo que carece de un auténtico programa de desarrollo social. Es la práctica que se hace costumbre como única alternativa de obtener un beneficio inmediato ya que los proyectos nacionales no cumplen con alcanzar sus objetivos a largo plazo.

En este tipo de proyectos es imposible que encontremos continuidad para alcanzar los objetivos y metas originales pues cada persona que remplaza a otra en el puesto está "cargada" con una visión diferente de lo que el país necesita para salir del subdesarrollo, y entonces, volvemos a empezar de cero pues el trabajo de la gente anterior, ahora debe adecuarse a los criterios de la nueva administración.

Esta falta de continuidad en los proyectos para el desarrollo ha provocado que los individuos se apresuren a sacar provecho desde sus puestos sin importarles la ejecución de los objetivos finales. Y esta es la razón por la que estos proyectos perecen en nuestras propias manos pues aún no hemos definido nuestros objetivos nacionales a largo plazo. Esto es algo que nos convendría tener en mente para evitar volver a empezar de cero cada vez que hay un cambio en la administración en turno.

Cuando nuestra capacidad reflexiva nos ubica dentro de un proceso de desarrollo y este mismo proceso incluye el desarrollo de nuestros seres queridos, es más factible que nos inclinemos por tratar de preservarlo, más que por destruirlo. Por este motivo, los ciudadanos del primer mundo son más apegados a obedecer las normas y respetar las leyes, pues entienden que un estado basado en el derecho representa bienestar y protección para toda persona de buena voluntad.

Es objetivo de esta obra hacer notar que La Verdad Social nos libera de la corrupción, si somos capaces de elaborar, y hacer cumplir, leyes y reformas sociales que contengan los verdaderos valores y principios de la humanidad. Que promuevan el beneficio de todos y cada uno de los integrantes de la nación. Que estas leyes sean el medio a través del cual, el ciudadano común pueda desarrollar toda su capacidad física e intelectual para su beneficio personal, y con ello también, impulsar el desarrollo familiar y el del resto de la comunidad.

El verdadero espíritu de la ley es el de mantener la paz y armonía entre los habitantes de una nación, mientras como individuos buscamos el beneficio personal y familiar, por lo tanto, toda ley debe respaldar el trabajo de aquellas personas que dentro de sus proyectos tenga como objetivo final el alcanzar el bien común. Por otro lado, se debe limitar el accionar de los individuos que pretendan subordinar este bien común a sus intereses particulares o de grupo.

Como dicen en el primer mundo: "La ley debe ajustarse al hombre, como lo hace un traje fino hecho a la medida". Hay que darle libertad de movimiento a quienes luchan por el beneficio colectivo e inhibir el actuar de los individuos que intenten apropiarse del patrimonio nacional o utilizan un puesto público para resolver sus necesidades personales.

Desde tiempos en que se estaba redactando el Antiguo Testamento, se ha tratado de enseñar a la humanidad que Dios Padre, le da el verdadero sentido a nuestra vida personal, familiar y social. Cuando somos capaces de concebir el verdadero propósito y la verdadera utilidad de las personas y las cosas, la vida en sociedad adquiere su verdadera dimensión en parámetros de ayuda y fraternidad social. Bajo este orden de cosas tiene sentido comportarse con integridad pues el beneficio conseguido a través de nuestras buenas acciones es utilizado para mejorar la situación global de toda la sociedad.

Tiene sentido pagar un buen sueldo a los diferentes cuerpos policíacos, cuando ellos se encargan de que los delincuentes estén tras las rejas y sólo la gente decente ande por las calles. Tienen sentido las normas y leyes cuando estas son utilizadas para regular la conducta social de manera que todos tengamos acceso a los canales del desarrollo de acuerdo a nuestra capacidad y talento, y de esta manera, contribuir al beneficio colectivo.

En este contexto podemos afirmar que **la Verdad Social nos liberará de la corrupción cuando el pueblo sienta que la vida en sociedad tiene sentido**. Cuando todo integrante de la sociedad pueda comprobar que es parte de un proyecto nacional que lo incluye, tanto en la tarea de construir un mejor país, como también de la oportunidad de disfrutar de la vida y de las riquezas que se generan en la misma nación.

Tercera parte

El Proyecto de Jesús para el Desarrollo Social de la Humanidad

Existe una enorme diferencia entre el hombre que se formó de acuerdo a las circunstancias de nuestro mundo y el hombre que por convicción propia, adopta el Estilo de Vida propuesto por Jesús. El primero, y siguiendo nuestros instintos naturales, es aquel que se vale de la fuerza física y capacidad intelectual para conseguir sus metas. Cosa que a cualquiera nos parece muy natural y aceptable pues no concebimos una mejor alternativa para poder obtener un beneficio inmediato y porque en esta forma de actuar encontramos una opción para escalar a la cima de los estratos sociales.

El problema se deriva del hecho de que nuestro horizonte de comprensión es muy corto y cuando las circunstancias nos dificultan la realización de nuestros objetivos, tomamos por el atajo más corto y es entonces cuando optamos por forzar los acontecimientos a favor nuestro. Esto nos lleva a engañar, abusar o estafar al prójimo con tal de conseguir lo que queremos. Y aunque nos diferenciamos por ser la única especie con capacidad de razonamiento, en realidad terminamos actuando como cualquier otro animal irracional.

Las personas que reconocen a Jesús como líder y promotor del desarrollo, se encausan en un proceso de perfectibilidad a través del cual, poco a poco son capaces de inhibir este tipo de conductas antisociales impuestas por la fuerza, la codicia y la arbitrariedad. El verdadero discípulo hace uso de la capacidad reflexiva para encaminarse dentro de los verdaderos beneficios, que aunque se consiguen a largo plazo, generan prosperidad, constante y duradera, para la sociedad en su conjunto.

A continuación se presenta una manera práctica de encausarnos hacia estas ideas prodigiosas dentro de la vida en sociedad, y con esto, darle sentido y el enfoque correcto al Proyecto a través del cual Jesús espera que alcancemos la perfección.

¿POR QUÉ HABLAR DE DIOS?

Porque es una maravillosa realidad que está presente en el mundo y en el universo, y aunque la ciencia no pueda demostrarlo, y aunque la mayoría de personas no sean capaces de percibirlo... ¡Dios Padre existe! Y es necesario conocerlo porque Él marca la diferencia entre llegar a "ser", y el convertirse en un "don nadie", a nivel personal, familiar o social. De manera que el hombre que tome preceptos divinos como guía para desenvolverse en este mundo, tiene asegurado un futuro de éxito y realización: como individuo, profesionista, cabeza de familia, empresario o artista. Todo depende de la capacidad y talento en cada persona.

Del mismo modo: todo pueblo que tome preceptos divinos para educar a su gente llegará a construir sociedades con niveles de vida superiores a los que ahora conocemos como de Primer Mundo. Porque sin ayuda divina, el hombre sólo puede aspirar a sobrevivir en medio de una sociedad acostumbrada a la mentira, a la corrupción y en donde los únicos que se preocupan por organizarse son los delincuentes.

Porque venimos de familias disfuncionales, y como una consecuencia lógica, hemos creado un gobierno disfuncional, en donde los representantes sociales, en lugar de trabajar por el bien común, sólo se preocupan por cuidar sus intereses personales y de grupo.

El hombre necesita de Dios Padre para transformarse en un ser con la capacidad de amar, vivir y compartir. Porque para experimentar la felicidad, es necesario compartir lo más grande de nuestra riqueza.

¿POR QUÉ INTERVINO DIOS PADRE EN LA HISTORIA DEL HOMBRE?

Porque el hombre es una criatura perfilada para que a través de un proceso perfectivo pueda llegar a administrar las riquezas del Creador. Es por esta razón por la cual nos puso en este mundo: para hacernos de un espíritu capaz de albergar vida eterna. Pero por cuestiones de inmoralidad y movidos por la codicia hacia los bienes materiales nos hemos desviado del objetivo primordial.

El hombre aspira a sobresalir del resto y sin pensar en las consecuencias, sólo se concentra en satisfacer sus objetivos personales. Siempre ha querido dominar al mundo y a todos los seres que en él habitan. Un pequeño mortal en su loca y desordenada carrera por conseguir grandeza e inmortalidad, pero entre más grande se piensa, más pequeño se torna de acuerdo a los verdaderos valores universales.

Dios Padre intervino en este mundo para suprimir la explotación del hombre por el hombre. Para abolir el abuso, la maldad y la mentira, recursos a los que se inclinan los humanos cuando dan "rienda suelta" a sus vanos sueños de grandeza. Dios Padre espera que tomemos conciencia de su objetivo básico y dejemos de causarnos daño los unos a los otros pues Él tiene demasiada riqueza que requiere de eficientes administradores.

¿POR QUÉ EL HOMBRE NO PUEDE ESTABLECER UN GOBIERNO JUSTO E IGUALITARIO SOBRE LA FAZ DE LA TIERRA?

Porque no vive el tiempo suficiente. Porque no conoce ni aprende lo suficiente. Y por estos motivos, sus proyectos para el desarrollo social carecen de la visión necesaria como para incluir a todos los seres que habitan en el planeta.

El tiempo de vida que tenemos es muy corto como para tomar conciencia de todos los problemas y necesidades de la humanidad. Tampoco es suficiente para concebir el volumen de los recursos naturales con que contamos, y si hablamos de tecnología, nadie tiene el conocimiento suficiente como para saber el camino que han de tomar las ciencias en los próximos cincuenta años. Es por estos motivos que necesitamos de un guía divino.

¿A QUÉ VINO JESÚS AL MUNDO?

Para que aprendamos a llevar pan hasta nuestra mesa sin recurrir al abuso, la maldad o a la mentira. Jesús nos enseña a conseguir el éxito y la realización personal sin entorpecer en el proceso el desarrollo de los demás integrantes de la sociedad.

Cada persona debe utilizar su capacidad reflexiva para encontrar un espacio dentro de la sociedad, desde el cual pueda participar en la generación de bienestar social. Para ello, ha de utilizar a la verdad de su capacidad intelectual y a la verdad del talento natural que Dios Padre le ha concedido.

De esta manera, todos llegaríamos algún día a ocupar un puesto que al desempeñarlo nos hiciera sentir bien. Y cuando uno se siente bien con lo que hace, el trabajo se transforma en una pasión, por lo que nuestro rendimiento se multiplica infinitamente. Y con una multitud apasionada por su trabajo, la sociedad recibe incontables beneficios.

Jesús nos enseña a utilizar el talento natural que Dios Padre nos ha otorgado como base para cimentar el desarrollo social. Y nos apremia para que dejemos de pensar en los amigos, compadres, padrinos o cualquier otro tipo de influencias, como una manera de establecer alianzas para tratar de mejorar nuestra situación económica. Hemos de recordar que Jesús es la única alianza que Dios Padre concedió al hombre como camino hacia la plenitud de la vida.

Por eso debemos entender que Jesús le da sentido y dirección al andar del ser humano. Podemos afirmar que Dios Padre creó al hombre y luego mandó a Jesús para que ordenara su mente. Para que deje de pensar en sí mismo y se preocupe por el beneficio colectivo. Con las enseñanzas de Jesús, es posible llegar a compartir con los demás sin poner en riesgo nuestra propia riqueza.

¿QUÉ ES LA VERDAD?

La Verdad es la Sabiduría que mantiene en movimiento al universo. Es la luz que por miles de años ha estado brillando en el horizonte intelectual del ser humano con el fin de ordenar nuestra forma de pensar, para que entremos en estrecha armonía con las verdades que tenemos en el mundo y las del universo.

La verdad es la luz que guía al hombre con la finalidad de vencer los retos del destino y poder salir con vida de este mundo.

JESÚS Y LA MENTE HUMANA

Jesús nos enfrenta ante los verdaderos principios y valores humanos. Concebir la factibilidad de estos preceptos nos hará posible cimentar la fe. Y en la medida en que los hagamos parte de nuestro ser, en ésa misma medida adoptaremos una actitud correcta ante la vida.

Esta actitud, junto con el constante trabajo reflexivo, nos hará llegar al terreno de las convicciones. Y cuando uno no puede actuar en contra de sus propias convicciones, se presenta el Hombre Auténtico. El cuál, bien se puede considerar como: "La Unidad Fundamental para el Desarrollo Social".

Jesús

| PRINCIPIOS Y VALORES HUMANOS | | CIMIENTO DE LA FE |

ACTITUD CORRECTA ANTE LA VIDA

CONVICCIONES AUTÉNTICAS

HOMBRE AUTÉNTICO

UNIDAD FUNDAMENTAL PARA EL DESARROLLO SOCIAL

Porque la vida no está en el poseer, sino en nuestra habilidad para generar bienestar social

EL HOMBRE AUTÉNTICO ANTE EL MUNDO

El hombre auténtico utiliza toda su capacidad reflexiva y el talento que Dios Padre ha puesto en su ser para conocer, manejar, dominar y darle el curso correcto a las ciencias, para que en conjunto, caminen hacia la conquista del bien común.

Con las ciencias como eje central, los Hombres Auténticos trabajan para formar equipos con otras personas de sus mismas características, habilidades e intereses. Esto con el fin de llegar a formar Empresas, las cuales, no sólo generarán bienestar para sus fundadores sino que también se convertirán en el medio para que otras personas alcancen su realización personal, y que a través de ellas, la sociedad reciba una cantidad inmensa de bienes y productos para el consumo humano. Todo esto se transforma en bienestar social. Analicemos el siguiente esquema:

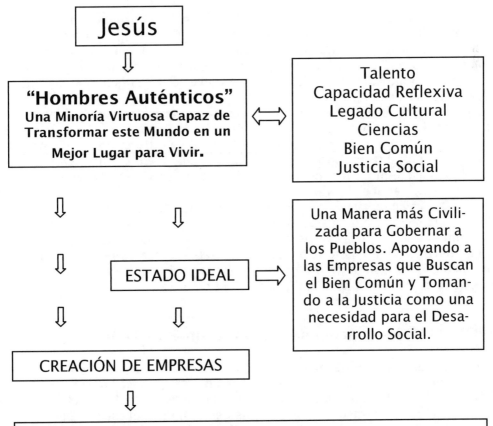

Jesús se autoproclamó como "El Camino", porque vino a puntualizar los Verdaderos Principios y Valores Humanos. Sus preceptos nos guían hacia la obtención de un Esquema Mental Adecuado con el cual podremos alcanzar el éxito personal al mismo tiempo que participamos del desarrollo de nuestra comunidad. Esto nos hará partícipes de la realidad humana y las verdades de nuestro mundo con lo cual lograremos actuar de acuerdo a Convicciones Auténticas.

La importancia de conocer y manejar los Verdaderos Principios y Valores Humanos radica en el hecho de que con ellos llegamos a conocer y manejar las Convicciones Auténticas. Las cuales no son otra cosa que: Conocimiento Social de Validez Universal.

Así como un científico de Francia se entiende a la perfección con un científico Chino, por el hecho de que ambos manejan el lenguaje de las Verdades Científicas, del mismo modo, debemos aspirar a manejar el lenguaje de la Verdad Social, con el fin de comunicarnos con el resto del mundo a través de argumentos universales derivados de las Convicciones Auténticas.

Jesús nos conduce hacia el lenguaje universal de la humanidad en materia social. Nos presenta una Escala de Principios y Valores Humanos con el fin de estandarizar la manera de pensar y actuar del ser humano. Entendamos que Jesús ya hizo el trabajo por nosotros: Utilizando un horizonte de comprensión mayor que el nuestro y una capacidad reflexiva también muy superior a la nuestra: Estableció la Verdadera Escala de Principios y Valores para la Humanidad.

Si Jesús ya lo hizo, no hay razón para que los particulares nos aventuremos a construir una escala de valores personalizada. Manejar los valores a discreción de cada persona es lo que nos impide formar equipos de trabajo para lanzarnos a la conquista del bien común. Lo importante es conocer y manejar la escala que Jesús hizo para el uso del hombre. Sólo así estaremos en condiciones de entendernos y trabajar juntos por los mismos objetivos: Bienestar Social y Vida Eterna.

Hasta aquí hemos visto un enfoque global del Proyecto de Jesús. Ahora, pasemos a analizar cada faceta y algunos detalles que han de servir para encausarnos correctamente en el camino que ha de llevarnos hacia una vida en sociedad llena de paz y fraternidad. Hay que tener en mente la relación que ha de existir entre las personas para conseguir el bien común, pero resulta de mayor importancia no perder de vista la Grandeza de Dios Padre, comparada contra la insignificancia del hombre.

CAPÍTULO V.- La relación del hombre con Dios Padre.

Jesús nos enseña que debemos llamar "Padre" al Creador del Cielo y de la tierra. Y sin perder de vista que el Señor es el único Ser en total perfección, nos revela una verdad social concedida a la humanidad: En atención al sacrificio de Jesús, al hombre se le concede la posibilidad de traspasar las barreras del tiempo y del espacio para poder salir con vida de este mundo e integrarse al Reino de los Cielos como parte de su divina familia.

Gracias a Jesús, se rompió con la antigua creencia de que el hombre debía temer al Poder y Grandeza de su Dios y mantenerse lo más alejado que se pudiera. (Exo 20:19) Jesús nos enseña una faceta de su Padre que era desconocida por la humanidad, y gracias a esto, nos enteramos de que el Todopoderoso nos ama a todos por igual y que por ese infinito amor y gran misericordia, permitió descender a Jesús para intervenir en nuestras vidas con el fin de mejorar nuestra condición humana. Dios Padre quiere darnos la oportunidad de aprender de Él para estar en condiciones de pertenecer a su Reino.

Este es un asunto de inimaginable magnitud pues la oferta consiste en pasar de ser un simple mortal, con más defectos que virtudes, para transformarnos en personas con una mayor capacidad para amar y vivir. Seres aptos para convivir eternamente en su Reino de Perfección. Por este motivo, y a lo largo de la historia, Dios Padre ha intervenido entre la humanidad para que llegado el momento reconozcamos su propósito y juntos nos encausemos gustosamente en el camino hacia la perfección del ser humano.

A pesar de tener el poder para obligarnos a obrar el bien, Dios Padre es respetuoso de la libertad y convicciones del hombre. Es por esto que Jesús vino a presentarnos un Proyecto para el desarrollo del hombre y sus sociedades basado en principios, valores y convicciones auténticas. Jesús no vino a imponer, sino a facilitarnos la llegada hacia el conocimiento verdadero que ha de conducir el comportamiento humano hacia un Estilo de Vida muy superior.

Como las convicciones no entran por medio de la imposición, Jesús espera que en nosotros germine el deseo y la disposición necesaria para que en nuestro ser pueda actuar la Sabiduría Divina. Ya bajo su dirección, nos irá dando todo lo que necesitemos y cuando lo necesitemos para mejorar nuestra calidad humana. Por este motivo, Jesús nos pide que tratemos de establecer una relación con el Creador, similar a la que un niño lleva con su padre.

A temprana edad, el ser humano es capaz de establecer una relación benéfica y bastante provechosa con sus progenitores. Y como consecuencia lógica, obtiene valiosos conocimientos, heredados de varias generaciones atrás, que le permiten enfrentarse a la vida con mejores posibilidades de conseguir el éxito.

En condiciones favorables, los niños se desenvuelven dentro de un clima de amor, confianza y gran admiración hacia sus padres, y bajo tales circunstancias, desarrollan una actitud positiva hacia ellos y esto les crea una gran predisposición por aprender y poner en práctica, todo lo que ellos les enseñan. Este hecho nos ha permitido avanzar en el desarrollo del conocimiento humano llegando a conquistar y dominar nuestro mundo, y a todas las demás especies que lo habitan. Y hemos sobresalido por encima de las demás especies, por la sencilla razón de que el ser humano tiene la capacidad de transmitir a sus descendientes el Conocimiento Cultural.

Sin lugar a dudas hemos triunfado sobre las demás especies, pero esto no lo es todo: la peor de las batallas la hemos tenido cuando se enfrenta el hombre contra el hombre en un intento por conquistar y dominar el mundo. Es aquí en donde la sabiduría del ser humano enfrenta sus límites: ¿Cómo compartir con los demás sin poner en riesgo nuestra propia riqueza? ¿Cómo obtener beneficios para uno y para todos los seres queridos sin dañar en el proceso el patrimonio de terceros? ¿Cómo se puede proyectar el desarrollo de los particulares sin entorpecer el desarrollo de la sociedad en su conjunto?

Del mismo modo como un niño obtiene de sus padres los elementos culturales, **Jesús nos ha querido indicar que todo ser humano es capaz de recibir de Dios Padre, el "Conocimiento Verdadero"**. Aquello que nos permitirá transformar nuestras sociedades de tal manera que toda persona pueda vivir en plenitud y en completa armonía con el resto. De nuestros progenitores y ancestros obtenemos la cultura del ser humano pero gracias a Jesús, es posible recibir la Cultura Divina que Dios Padre siempre ha estado dispuesto a compartirnos. La mecánica es la siguiente: Dios Padre es poseedor del conocimiento; y gracias a Jesús, tenemos al Espíritu, quién es el medio para que ese conocimiento del Creador sea transferido al hombre. La misericordia de Dios Padre es tan grande que hoy también nos hace un llamado para que podamos regir nuestra conducta social en base al Conocimiento Verdadero, vuelvo a repetir, aquello que nos permitirá unificar nuestra forma de pensar para que todos podamos unificar nuestras capacidades físicas y mentales para así poder trabajar como un equipo en busca del bien común.

Todo esto es posible si somos capaces de recibir y poner en práctica, todo conocimiento que provenga de Él, con la confianza y admiración, con la que un niño acepta lo que su padre le indica. Esta es la idea que Jesús trató de generalizar cuando se dirigió a sus Apóstoles en los siguientes términos:

"En verdad les digo: quien no reciba el Reino de Dios como un niño, no entrará en él. " (Marcos 10, 15)

Estamos alcanzando el momento en que la humanidad se dará cuenta de que no todo lo que llamamos Cultura es realmente una práctica culta. No toda costumbre puede considerarse Cultura por el simple hecho de ser una práctica generalizada dentro de determinado grupo humano.

La verdadera cultura es toda práctica que respeta la vida en todas sus formas y principalmente la vida e integridad del ser humano. Cultura es toda costumbre que contribuye al respeto y perpetuación de los verdaderos principios y valores humanos.

Todo pueblo sobre la faz de la tierra tiene o ha tenido costumbres en favor y en contra de la vida sobre el planeta. Esto ha sido una constante en la historia de la humanidad, pero ahora la globalización nos exige hacer una depuración de las costumbres humanas para dejar en el pasado todo aquello que obstruya el desarrollo de personas y pueblos.

La globalización del mundo nos permite darnos cuenta de que el mundo parece hacerse chiquito a medida que la población humana continúa en aumento. Es apenas en este tiempo cuando nos damos cuenta de que todos pertenecemos al mismo "barco". Si nuestro "barco" se hunde, nos hundimos todos.

Junto con las malas costumbres que atentan contra la vida sobre la faz de la tierra y en contra de los derechos humanos, veremos desaparecer otros conceptos como el del nacionalismo. El nacionalismo es anticuado ante la globalización. Ahora nos damos cuenta de que las malas acciones de unas cuantas personas llegan a afectar las condiciones de vida o a la economía del resto de los habitantes en el planeta. Por este motivo la globalización nos lleva a estandarizar el comportamiento humano.

Ya empezamos a recibir normas para tratar de no poner en riesgo la economía mundial; el calentamiento global también será motivo para adoptar medidas a nivel mundial para dejar de contaminar el ambiente. Y muy pronto la humanidad llegará a determinar medidas universales para gobernar más civilizadamente a los pueblos de la tierra. Entonces, dentro de este marco de la globalización de la humanidad, el nacionalismo ha de desaparecer pues no es más que una enorme barrera para la paz e integración mundial.

CAPÍTULO VI.- El propósito de Dios Padre.

Desde el antiguo testamento se puede apreciar la intención Divina de que la salvación alcance a todos los pueblos de la tierra. Dios Padre se hizo de un pueblo para educarle, pero la idea básica fue: salvar al mundo a través de las enseñanzas a este pueblo.

Estoy totalmente convencido de que el Señor dispuso sobre el planeta todo lo necesario para que la verdad, el amor y la vida florecieran al mismo tiempo en que se diera el crecimiento de la población mundial. Por este motivo pienso que los problemas que ahora padece el hombre, son producto de lo que nosotros mismos hemos buscado y en este sentido podemos afirmar que Dios Padre nunca ha sido, ni será, el culpable de las calamidades que ocurren aquí entre nosotros.

Su propósito es que todo hombre sobre la faz de la tierra sea capaz de desarrollar sus capacidades físicas y mentales para que participe del engrandecimiento de su comunidad.

Jesucristo lo reafirma en la oración universal que legó a toda la humanidad: "Hágase tu Voluntad en la tierra como en el Cielo" (Mt 6,10). Y que se haga la Voluntad de Dios Padre, sobre toda la superficie del planeta es lo que verdaderamente conviene a la humanidad, pues esto representa bienestar, prosperidad y desarrollo para todo ser humano. Lo mismo que pasa en el Reino de los Cielos.

De la idea descrita en el párrafo anterior debemos hacer una fuerte convicción. Debemos analizar profundamente el tema hasta lograr convencer a nuestro cerebro de que el verdadero propósito de Dios Padre, es un asunto que realmente nos conviene a todos. Seguir el proyecto de Jesús, significa regir nuestra vida individual, familiar y social de acuerdo a sus enseñanzas básicas de organización social. Para esto, debemos hacer a un lado nuestras vanas aspiraciones de grandeza, poder y liderazgo, pues con la voluntad y los deseos desenfrenados del hombre, sólo se logra retrasar la llegada del bienestar y desarrollo común.

Debemos entender que la capacidad del hombre es limitada. Que sólo somos capaces de procurar beneficios para un número reducido de familias. Porque la capacidad intelectual y el tiempo que duramos sobre este mundo, son insuficientes para planificar y dirigir el desarrollo de la humanidad.

Esta monumental tarea requiere de un tipo de sabiduría mayor, de alguien con un horizonte de comprensión más amplio que el nuestro. Por este motivo, es urgente que reconozcamos que Jesús es el único ser con tales características. Y que a través de su legado nos plantea las respuestas que necesitamos para vencer los retos del destino.

Analicemos el siguiente fragmento de un artículo sobre algunas formas de gobierno que han existido a lo largo de la historia, en él podremos apreciar que la voluntad de los individuos, cuando buscan el interés de unos cuantos, terminan por causar grandes males a toda la sociedad. Este hecho es algo que se dio en el pasado, pero que todavía se sigue dando en muchas sociedades del presente:

"Los imperios despóticos de Egipto, Sumer, Asiria, Persia y Macedonia fueron seguidos por el nacimiento de las ciudades-estados, las primeras comunidades auto gobernadas, en las que el gobierno de la ley predominaba y los funcionarios estatales eran responsables frente a los ciudadanos que los elegían. Las ciudades-estados de Grecia, como Atenas, Corinto y Esparta, y de la parte de Asia Menor dominada o influenciada por los griegos, proporcionaron el material para las teorías políticas especulativas de Platón y Aristóteles. El sistema aristotélico de clasificación de Estados, que influyó en el pensamiento político posterior durante siglos, se basaba en un criterio simple: los buenos gobiernos son aquellos que mejor sirven al bien general; los malos gobiernos son los que subordinan el bien general al bien de las personas en el poder. Aristóteles establecía tres categorías de gobiernos: monarquía, gobierno de una sola persona; aristocracia, gobierno de una minoría selecta, y democracia, gobierno de muchos.

Los filósofos griegos posteriores, influenciados por Aristóteles diferenciaban tres formas degeneradas de las clases de gobierno definidas por él.

Distinguían, por tanto, la tiranía, el gobierno de una persona en su propio interés; oligarquía, el gobierno de unos pocos en su propio interés y la oclocracia (democracia radical), gobierno de la multitud o de la plebe. Otras categorías de trascendencia histórica son la teocracia, gobierno de líderes religiosos como en los primeros califatos islámicos y la burocracia, el dominio del gobierno por funcionarios de la administración, como en la China imperial." (Biblioteca de Consulta Encarta)

Hacer la voluntad de las personas obstruye y retrasa la materialización del bien común. Seguir los Preceptos Divinos nos lleva a construir en la tierra un Estilo de Vida en donde las personas sean consideradas como la riqueza más grande sobre la faz de la tierra, y de esta manera, lograremos desarrollar nuestras capacidades físicas y mentales para definir y alcanzar el verdadero bienestar común.

El objetivo del Proyecto de Jesús, es que el hombre viva tranquilo sobre la faz de la tierra. Que cada individuo encuentre su espacio en la sociedad para que desde ahí pueda acelerar su desarrollo personal, y al mismo tiempo, participe en el desarrollo de la colectividad. Que cada persona sea capaz de encontrar la felicidad y la comparta con sus seres queridos. Que alcancemos la plenitud de la vida y que también seamos capaces de regocijarnos con el éxito de los demás.

Nadie está más interesado que Jesús, porque los temores, problemas, necesidades y enfermedades del hombre se erradiquen del planeta. Porque los abusos del hombre, hacia el mismo hombre, terminen lo antes posible. La idea básica dentro del proyecto de Jesús es que todos encontremos la verdadera plataforma de desarrollo para estimular el éxito del bien común y minimice la perdición humana.

Jesús lo único que pretende es compartir con nosotros un nuevo orden para las cosas que nos permita vivir y disfrutar tranquilamente nuestra estancia aquí en la tierra mientras nos ocupamos de iniciar el proceso hacia la perfección de nuestro ser. Ya con un espíritu lleno de convicciones, seremos capaces de traspasar las barreras del tiempo y del espacio para que nos pueda compartir su inimaginable y maravilloso Reino Espiritual, en donde tiene un lugar y un espacio disponible para todo aquel que persevere en este maravilloso propósito.

Jesús nos enseña que apegarse a los deseos de Dios Padre es el tema fundamental para formar parte de su familia. Por este motivo, debemos tener presente en nuestra mente lo que enseñaba sobre este tema:

"Mientras Jesús estaba todavía hablando a la muchedumbre, su madre y sus hermanos estaban de pie afuera, pues querían hablar con él. Alguien le dijo: "Tu madre y tus hermanos están ahí fuera y quieren hablar contigo."

Pero Jesús dijo al que le daba el recado: "¿Quién es mi madre y quiénes son mis hermanos?" E indicando con la mano a sus discípulos, dijo: "Estos son mi madre y mis hermanos. Tomen a cualquiera que cumpla la voluntad de mi Padre de los Cielos, y ése es para mí un hermano, una hermana o una madre." (Mt 12,46)

El sentido fundamental de esta anécdota en la vida de Jesús, es que, con el incidente, él quiso revelarnos la manera como los seres humanos podemos llegar a formar parte de su Familia. Y de su enseñanza, es fácil sacar en conclusión que apegarse a los Planes del Señor, es lo único que nos puede garantizar el ser aceptado como uno de sus hijos. No son las palabras, ni los rezos o las grandes peregrinaciones.

El Señor no desprecia nada de esto, pero lo que en verdad le llena de alegría es comprobar que quién le habla bonito, también pone todo su empeño porque el propósito de su Plan Maestro se materialice dentro de su vida diaria y en el resto de su comunidad. Cuando ambas cosas van juntas, se obtiene la gracia y protección del Señor. Es entonces cuando cuida de nuestro bienestar como lo hace un buen padre con sus hijos.

Estimado lector, abre totalmente el entendimiento pues estás ante la clave para alcanzar el éxito y la plenitud de la vida: El nivel de los sufrimientos del hombre están determinados por el nivel de desarrollo de sus padres. Podemos afirmar que los niños del primer mundo tienen un mejor estilo de vida si los comparamos con los niños del mundo subdesarrollado. Esto por el hecho de que los padres de los primeros cuentan con mayores y mejores recursos, tanto materiales como en calidad humana.

Porque los padres determinan el nivel de desarrollo en los niños es el motivo principal por el que Jesús nos enseña a ver en Dios al mejor de los padres. ¿A dónde puede llegar el hombre teniendo al Padre más poderoso y acaudalado del universo? Tú dime.

Volviendo al tema anterior hemos de decir que si Jesús hubiera sabido que la anécdota anterior iba a ser mal interpretada, al grado de utilizarla para desacreditar la figura de su madre, estoy totalmente seguro de que no hubiera utilizado este incidente para enseñar sobre un tema tan importante.

Analizando el pasaje, quisiera llamar tu atención al inicio del relato: Se dice que Jesús estaba enseñando a la multitud cuando alguien le interrumpe abruptamente para avisarle que su apreciable familia lo busca y se entiende que esta persona no desea que María siga esperando. Pero Jesús, en lugar de darle una respuesta acorde con el recado, aprovecha la oportunidad que el incidente le presenta para someter a prueba a quien lo ha interrumpido.

Jesús jamás niega a su familia terrenal, lo único que él hizo fue aprovechar las circunstancias del incidente para seguir enseñando a la multitud. Si su familia hubiera estado a la vista, sin duda hubiera dicho: "... tomen a cualquiera que cumpla la voluntad de mi Padre de los Cielos, y ése es para mí un hermano, una hermana o una madre, **y señalando hacia donde se encontraba su familia, hubiera continuado diciendo: y lo amaré, de la misma manera como amo a todos y a cada uno de ellos. Porque para el amor verdadero no hay diferencias por la carne ni por la sangre."**

La definición de Jesús sobre los integrantes de su familia, ratifica, en todo caso, que María es parte fundamental dentro del Reino de Dios Padre. Jesús dice que todo aquél que cumpla la Voluntad de su Padre es parte de su familia. Y dentro de la vida e historia de Jesús, pocas personas se han sometido a la voluntad de Dios Padre de la forma como lo hizo María. Recordemos lo que dice la Biblia:

"Al sexto mes el ángel Gabriel fue enviado por Dios a una ciudad de Galilea, llamada Nazaret, a una joven virgen que estaba comprometida en matrimonio con un hombre llamado José, de la familia de David. La virgen se llamaba María.

Llegó el ángel hasta ella y le dijo: "Alégrate, llena de gracia, el Señor está contigo." María quedó muy conmovida al oír estas palabras y se preguntaba qué significaría tal saludo.

Pero el ángel le dijo: "No temas, María, porque has encontrado el favor de Dios. Concebirás en tu seno y darás a luz un hijo, al que pondrás el nombre de Jesús. Será grande y justamente será llamado Hijo del Altísimo. El Señor Dios le dará el trono de su antepasado David; gobernará por siempre al pueblo de Jacob y su reinado no terminará jamás." María entonces dijo al ángel: "¿Cómo puede ser eso, si yo soy virgen?" Contestó el ángel: "El Espíritu Santo descenderá sobre ti y el poder del Altísimo te cubrirá con su sombra; por eso el niño santo que nacerá de ti será llamado Hijo de Dios. También tu parienta Isabel está esperando un hijo en su vejez, y aunque no podía tener familia, se encuentra ya en el sexto mes del embarazo. Para Dios nada es imposible."

Dijo María: "Yo soy la servidora del Señor, hágase en mí tal como has dicho." Después la dejó el ángel." (Lc 1,26)

Cuando María se entera de lo que la Voluntad del Señor desea realizar en su persona, ella contesta: "Yo soy la servidora del Señor". Esto es lo que Jesús espera de nosotros: que seamos capaces de decir: Yo soy el servidor del Señor; yo estoy a disposición de sus Planes sin importar los aparentes inconvenientes.

María no hizo una elección a la ligera. Servir a Dios Padre implicaba ponerse en contra de los mandatos y costumbres de su sociedad. Se expuso a que el pueblo la matara a pedradas por el hecho de concebir un hijo fuera de su futuro matrimonio.

Pero sin embargo, ella decide actuar basándose en la certeza de la existencia del Señor y confía en su infinito poder e inmensa sabiduría para librarla de todo mal. A esto se le llama: cumplir la voluntad de Dios Padre y no la de los hombres, aún en las condiciones que a nuestro parecer son las más adversas.

Servir a los Planes de Dios Padre para salvar a la humanidad y no a los intereses o a los razonamientos del intelecto humano, es lo que Jesús va a llamar: renunciar a uno mismo. María renunció a su aparente seguridad para que en la tierra se materializara el Plan de Dios Padre y esto es algo que muy poca gente ha sido capaz de lograr.

Por lo tanto, Jesús jamás desconoce a su madre biológica y, mucho menos, a su Madre Espiritual. Y si Jesús fue capaz de llegar a reconocer en este mundo su origen Divino, desarrollando su fe al grado que lo hizo, fue gracias al trabajo y dirección de sus padres humanos. Nuestra historia hubiera sido muy diferente sin la cooperación de María en la educación y formación de la personalidad de Jesús.

He llegado a pensar en el papel tan importante que tienen las mujeres dentro del Plan de Dios para salvar a la humanidad. De la mujer aprendemos tanto como del hombre, pero el contacto diario nos inclina a llevar una relación muy particular con la madre.

El padre es quien nos motiva a crecer fuertes para conquistar y someter al mundo, pero es nuestra madre quien se puede inclinar hacia el lado humano de nuestra personalidad e imprima el grado de fraternidad e igualdad requerida para estar en condiciones de llevar una vida social con mayor apego al proyecto de Jesús. Toda mujer tiene mucho por imitar de María y educar adecuadamente a los futuros integrantes de una sociedad que sólo podrá desarrollarse a través del trabajo comunitario, producto de la unión entre los hombres. Y sobre todo, que nunca olviden que lo más importante para establecer la paz y justicia social entre los hombres es la realización del Proyecto de Jesús en nuestras vidas y no las falsas aspiraciones de grandeza por parte de nuestros hijos.

Para finalizar con este tema debemos llegar a entender que María fue y seguirá siendo una parte fundamental dentro del Plan Divino para la salvación y desarrollo de la humanidad. Ella está presente en el Reino de Dios Padre ocupando un lugar privilegiado. Y por el hecho de gozar de vida eterna, está en constante contacto con nuestro mundo, tratando de evitar que nos autodestruyamos.

Y la idea de que ella fue desechada por Dios, luego de terminar con la función de dar a luz a su hijo, es una forma de actuar que nos habla de un dios manipulador e irrespetuoso de los valores humanos, cosa que contradice totalmente a la virtud perfecta y amorosa del Padre de Jesús.

Durante muchos años a mí también me tocó repetir, una y otra vez, el enunciado que dice: "ruega por nosotros, los pecadores", sin tomarle mucho sentido. Pero todo cambió cuando tuve la dicha de comprobar que efectivamente María intercede por nosotros ante la Majestad del Padre.

CAPÍTULO VII.- La Actitud Correcta Ante la Vida.

Cuando uno se ubica mentalmente en tratar de materializar aquello que a todos nos conviene, empieza a germinar en nuestro ser, como una consecuencia lógica, la Actitud Correcta Ante la Vida. Actitud que encausa el pensamiento y las obras del ser humano de tal manera que cada uno de nosotros podamos formar parte de ese grande y maravilloso equipo de trabajo que transformará al mundo para hacer de este planeta un lugar más bello y placentero para todos sus habitantes.

La actitud está definida en el Webster's New World Dictionary como: La manera de actuar, sentir, o pensar, que refleja nuestra disposición, opinión, y el cúmulo de principios y valores con los cuales nos conducimos por la vida. (2 a manner of acting, feeling, or thinking that shows one's disposition; opinion, etc.: a friendly attitude. 3 one's disposition, opinion, mental set, etc.

De la anterior definición podemos deducir que la actitud del ser humano está fundamentada por la concepción que tenemos sobre la realidad en el universo. Nuestra actitud es el reflejo de los principios y valores; de aquellas ideas fundamentales que metemos profundamente en la cabeza y con las cuales respaldamos decisiones y obras.

La Actitud Correcta Ante la Vida se cimienta en los principios y valores de Jesús, y esto provoca que nos traslademos hacia una forma de actuar basada en convicciones. Y cuando una persona es incapaz de actuar en contra de sus propias convicciones, se transforma en un "Hombre Auténtico".

La actitud de las personas, así como sus convicciones, se pueden clasificar en buenas o malas. Más adelante vamos a comprender que esto es un reflejo de nuestra coexistencia entre las dos fuerzas que infieren en el destino del hombre: El bien y el mal.

Adoptar una buena actitud significa tener la disposición requerida para aceptar, incondicionalmente, los lineamientos del Proyecto de Jesús. La buena actitud nos impulsa a materializar este proyecto en nuestra vida y en nuestras comunidades, para que los asuntos se realicen de acuerdo a los conceptos de Jesús y no en base a la voluntad, caprichos o ideas improvisadas de los hombres, por muy brillantes que parezcan. El Plan original de Dios Padre es que la humanidad entera se salve, por lo tanto, toda acción, hecho, decisión o palabra que se dispone para que el proyecto de Jesús se materialice en el mundo, es producto de una Buena Actitud.

Por otro lado, todo acto, obra o decisión del hombre, que trate de impedir, retrasar o evitar esta materialización, es algo definitivamente malo e indeseable.

Malo, en primer lugar porque va en contra del propósito Divino de salvar a toda la humanidad sin distinción alguna. Malo, porque los planes humanos sólo buscan el beneficio de unos cuantos particulares y obstruye el bien común que es el que verdaderamente genera el desarrollo de las sociedades.

Esta es la importancia de tener siempre presente que lo bueno es todo aquello que promueve y fortalece la materialización del Proyecto de Jesús para el perfeccionamiento de la humanidad. Y como la obtención del bien común es la parte primordial dentro de esta alternativa, todo aquello que promueve su materialización es realmente bueno, deseable y plausible.

Malo es todo aquello que va en contra de las verdades de nuestro mundo y en contra de la Verdad en el Universo. Malo es todo aquello que destruye la vida sobre la faz de la tierra y se interpone entre los hombres para alcanzar el bien común. Malo es todo aquello que obstruye nuestro desarrollo integral.

De esta manera, finalmente tenemos suficientes elementos para determinar lo que podemos reconocer como bueno y malo. Muchas veces esto es una gran barrera para determinar el rumbo de las decisiones que debemos tomar.

Porque todos coincidimos en hacer cosas buenas pero por no tener bien en claro lo que es universalmente bueno, esto ha provocado que nos paralicemos pues no sabemos si hemos de hacer lo que es bueno para mí; o lo que es bueno para ti; o lo que es bueno para nosotros, o para ellos. Y como resultado de esta falta de visión sobre el bien común, todos nos limitamos a hacer lo que a nuestra muy particular manera de pensar es bueno para cada quien.

Volviendo al tema anterior podemos hacernos la siguiente pregunta: ¿Cuáles son los problemas de la mala actitud? Analicemos algunos de ellos:

Sentirse superior a los demás probablemente es el problema de actitud más común. Crecemos con la falsa esperanza de que algún día todos se inclinarán ante nosotros y que vendrán presurosos a servirnos, porque un espíritu mal encausado nos hace sentir únicos y diferentes a "los demás". Por esto intentamos sobresalir de la multitud en base a poseer artículos y bienes costosos.

Pensar que las ideas propias son superiores a las del resto, es otro problema de actitud. La inmadurez nos hace sentir que una idea improvisada es lo mejor para triunfar como padre de familia; gerente de un negocio o planificador del desarrollo social.

Muchísima gente ha vivido en base a esta forma de pensar y por lo mismo, el mundo se encuentra lleno de complicaciones. Este problema en la actitud nos aparta de la realidad y nos hunde en el plano de las falsas apariencias de bienestar.

Pensar que somos autosuficientes y que no necesitamos de nadie para ser felices es otro ejemplo de una mala actitud. Este tipo de problemas nos hace más difícil la posibilidad de unir esfuerzos para la conquista de metas y objetivos para el bien común. Recién ahora la humanidad ha podido descubrir que vivimos en un mundo en donde las decisiones de unos pocos afectan la vida de los demás, por esto es importante darnos cuenta de que todos necesitamos de las buenas decisiones de todos para poder vivir en armonía. Jesús conoce el interior humano y la inclinación que tenemos por "arreglar" todo de manera rápida y sin meditar las cosas. Este es el motivo por lo que nos hizo la siguiente afirmación:

"El que quiera seguirme, que renuncie a sí mismo, cargue con su cruz y me siga." (Mat 16:24).

Cuando actuamos mal es porque adoptamos una mala actitud. Y la mala actitud se deriva de querer solucionar los problemas de acuerdo a nuestra muy particular manera de entender las cosas. Y como en realidad entendemos muy poco de la vida, Jesús nos sugiere que para evitar retrasar la llegada del bienestar colectivo, renunciemos a la realidad humana que nos orienta hacia el fracaso y en su lugar utilicemos Sabiduría Divina. Conocimientos que ya han sido probados durante millones de años y con los cuales se ha conservado la paz y armonía entre todos los seres en el Cielo.

Cargar con la cruz que nos ha tocado, significa que debemos esforzarnos para encontrar el espacio en la sociedad desde el cuál podamos ser útiles al desarrollo comunitario. Esta tarea puede tornarse un tanto difícil especialmente si no contamos con un talento tangible que de inmediato nos haga candidatos hacia una carrera en particular, pero es aquí en donde hay que realizar suficiente trabajo reflexivo y no claudicar hasta lograr identificar el espacio, profesión o trabajo que hemos de realizar para contribuir con el progreso social y no retrasar la llegada del bien común a causa de asumir una mala actitud.

Renunciar a uno mismo significa precisamente el hecho de evitar asumir una mala actitud por parte nuestra con la cual entorpecemos el camino de las demás personas en su intento por materializar la llegada del bien común. Y esta es la manera de seguir a Jesús pues la verdad en cada suceso es la guía que define el rumbo correcto.

CAPÍTULO VIII.- La transformación hacia el "Hombre Auténtico".

Es importante tomar en cuenta que para darle la dimensión correcta al Proyecto de Jesús, debemos pensar como lo hacían sus contemporáneos, ya que intentar entender el mensaje de acuerdo a nuestras propias costumbres, o a las circunstancias sociales de nuestra época, no nos ayudará en lo absoluto.

Durante su estancia en la tierra, Jesús convivió con el pueblo de Israel, mismo que fue escogido por Dios Padre para que a través de las enseñanzas a este pueblo la humanidad entera se salve. Baste decir que durante este periodo, el pueblo hebreo ya tenía ciertos hábitos y costumbres que los hacían diferentes a los demás pueblos de la tierra.

Tratar bien a los forasteros; respetar los derechos de las viudas y los huérfanos y hablar en base a la verdad de los acontecimientos, son asuntos que para que se hicieran hábitos en toda la sociedad judía, a ellos les tomó miles de años y también les costó derramar mucha sangre de sus mismos hermanos para que finalmente esta nueva forma de actuar llegara a convertirse en una costumbre de toda la sociedad.

Para el tiempo de Jesús, el pueblo judío ya había experimentado bastante en lo que se refiere a actuar con autenticidad universal. Esto es: **hablar de acuerdo a la realidad de los sucesos en nuestro mundo y basarse en la realidad del universo para determinar el rumbo de sus relaciones sociales**.

Aunque también debemos reconocer sus limitaciones pues fueron incapaces de concebir el Plan de Dios de manera global. Por esto, debemos tratar de entender que no sólo existen las verdades sobre la faz de la tierra sino que el universo entero esta cimentado en verdades universales.

Y hablando específicamente de nuestro mundo, podemos afirmar que **la verdad es una fuerza generadora de bienestar social cuando se emplea en correcta sintonía con la Verdad del Universo**. Entre ambas, existe una manera de efectuar una "Conexión". Un enlace entre las verdades que podemos comprobar en este mundo y la Verdad del Universo. A continuación, me voy a permitir analizar una parábola de Jesús, poniendo toda la atención en la insistencia del Maestro, para que el pueblo judío se aferrara a ese nuevo hábito introducido por Dios Padre, en un afán de que el ser humano llegara a actuar con autenticidad.

Ya hemos dicho que la Verdad Social aplicada dentro de la vida diaria tiene la misma capacidad transformadora que la Verdad Científica. Así como en nuestros procesos científicos no podemos conseguir el resultado buscado si durante el mismo omitimos una etapa o no lo reproducimos al pie de la letra, de la misma manera, los Preceptos Divinos tienen su lógica y requerimientos mínimos para poder obtener de ellos lo que tanto deseamos. Esta es la idea que Jesús quiso enseñar a sus discípulos hace dos mil años y para lo cual utilizó la siguiente parábola:

"Yo soy la vid verdadera y mi Padre es el labrador. Toda rama que no da fruto en mí la corta. Y toda rama que da fruto la limpia para que dé más fruto."

"Yo soy la vid y ustedes las ramas. El que **permanece** en mí y yo en él, ése da mucho fruto, pero sin mí no pueden hacer nada. Al que no permanece en mí lo tiran y se seca; como a las ramas, que las amontonan, se echan al fuego y se queman." (Jn 15,1)

Sólo hay una manera de "permanecer" conectado con Jesús, y ésta es a través de Vivir en la Verdad o con autenticidad. El Reino de los Cielos es el Reino de la Verdad; Dios Padre es la máxima Verdad del Universo, por lo tanto, y para darle el sentido apropiado a nuestra existencia, debemos comprender que el Universo Espiritual de Dios Padre sólo puede actuar en aquellas personas que llevan una vida apegados a las verdades de nuestro mundo y tratando de encausarse en las verdades universales.

Para aspirar a recibir la "sabia" de Jesús, es imprescindible dejar de actuar con dobles intenciones y tratar de ser personas auténticas. No podemos deleitarnos con sus exquisitos frutos si tenemos por costumbre levantar falsos testimonios para distorsionar la verdad de los acontecimientos y poder sacar un beneficio inmediato a través de dañar la existencia de nuestros semejantes.

La "sabia" de Jesús no puede alimentar a quienes viven en el mundo de las mentiras y falsas apariencias de bienestar. Tampoco a los soberbios que pretenden competir con Jesús para construir un mundo mejor. Aceptemos nuestra realidad inferior a él.

Recapitulando el tema podemos afirmar que la conexión necesaria para permanecer en sintonía con el Reino de la Verdad y la Vida, es apegarse al proyecto de Jesús, en calidad de "Hombres Auténticos". Una persona llena de convicciones que aspira a alcanzar los más grandes anhelos de la humanidad. Una persona con la Actitud Correcta Ante la Vida, para socializar con el resto sin que existan barreras aparentes de seres superiores e inferiores; aptos e ineptos; bellos y desagradables, etc.

Como el convertirnos en Hombres Auténticos es una de nuestras metas inmediatas, entonces debemos tomar en cuenta que sólo lo verdadero es auténtico, por este motivo, hay que tener siempre en mente que para aspirar a ser Hombres Auténticos, debemos conducirnos en la vida apegados a las verdades de nuestro mundo.

Y dentro de la definición de verdad que nos da el diccionario, hay una acepción en particular que debemos cumplir para aspirar a conquistar ésta y las siguientes metas en nuestro largo proceso hacia la perfección del espíritu. Veamos lo que dice esta definición:

"Verdad. 1. Conformidad de las cosas con el concepto que de ellas forma la mente. / 2. Conformidad de lo que se dice con lo que se siente o se piensa. / 3. Propiedad que tiene una cosa de mantenerse siempre la misma sin mutación alguna." (Biblioteca de Consulta Encarta)

A Dios Padre bien se le pueden atribuir todas las acepciones de verdad señaladas en la definición anterior y como nosotros debemos hacer todo lo posible por imitarle, la acepción número dos nos brinda un buen comienzo: **Ser una persona auténtica es transitar por el mundo manteniendo una relación directa y franca entre lo que pensamos, con lo que decimos, y que todo esto se vea reflejado en las decisiones y obras que realizamos**.

Cuando una persona cumple cabalmente con esta correlación directa entre los pensamientos-palabras-y-obras, se puede afirmar, con toda certeza, que esta persona es un Hombre Auténtico. Porque la verdad de su obra es un reflejo de la verdad de su palabra y todo esto comulga con los ideales en su mente.

Si Dios Padre es el Dios de la verdad, entonces, la única posibilidad de establecer un vínculo directo y continuo con su Reino, es a través de vivir en autenticidad. Este tipo de persona es la que "permanece conectada" con el Reino de los Cielos.

Examinemos los siguientes ejemplos en donde podremos apreciar nuestro grado de inclinación hacia la verdad o hacia las falsas apariencias de bienestar:

a).- Cuando de estudiantes sacamos un 8.2 de calificación, esto lo ocultamos y en su lugar decimos que sacamos 8.9. La verdad del 8.2 no nos satisface por lo que muchas veces optamos por algo falso, porque la falsedad nos hace sentir aparentemente mejores.

La falsa apariencia que existe entre el 8.2 y el 8.9 nos produce mayor satisfacción que el esfuerzo que se requiere para pasar de cero hasta alcanzar el 8.2. Aunque la verdad es más grande que la apariencia, vivimos prestando mayor atención a lo falso y cada vez nos alejamos más de lo verdadero.

b).- Si vendemos un auto en 100 mil pesos, decimos que lo dimos en 120 mil. Si lo compramos en 100 mil, decimos que lo conseguimos en 90 mil. Muchas veces no sólo es el asunto de ganar una comisión por el hecho de realizar una operación de compra-venta, sino que se nos ha formado una necesidad por aparentar lo que en realidad no hemos conseguido. La apariencia nos atrapa con su falsa sensación de triunfalismo.

c).- Lo mismo ocurre con nuestra estatura: si medimos 1.70 cm., esto no lo decimos y en su lugar ponemos 1.73 cm. Con nuestro peso, pasa lo mismo: le ponemos o le quitamos de acuerdo a nuestro aparente beneficio. ¿Y qué decir de la edad de las mujeres? Se ha generalizado la creencia de que hablar de la verdadera edad de la mujer es una gran ofensa, esto no es otra cosa que obstinarse por vivir fuera de la realidad y hundidos en el plano de las falsas apariencias. Hombres y mujeres debemos aprender a amar y respetar lo que somos y olvidarnos de todo aquello que confunde el entendimiento y nos excluye de la realidad.

d).- En el plano de las finanzas del hogar pasa lo mismo, creemos que el hecho de velar por el bienestar de los nuestros es justificación suficiente para conseguir dinero sin importar los medios. Justificamos la mentira cuando la usamos como un vehículo para conseguir un "beneficio" económico para darles una mejor posición a nuestros seres queridos. La mentira, corrupción y abuso de nuestras habilidades físicas y mentales nos llevan a conseguir el éxito de manera inmediata, pero al hacerlo, destruimos las bases de la igualdad social y participamos en la destrucción del equilibrio de nuestras sociedades. Por este motivo es que debemos tratar de entablar ésa conexión con el Reino de los Cielos, para que con la inspiración del Espíritu, seamos capaces de llevar alimento hasta nuestras mesas sin tener que dañar en el proceso el patrimonio de terceras personas.

e).- Las dobles intenciones dentro de un mismo asunto es otro ejemplo de lo que nos separa de la autenticidad del ser humano. Cuando decimos que trabajamos para ayudar a los demás, pero en realidad sólo buscamos el beneficio personal, estamos reproduciendo viejos esquemas de corrupción que han marginado a la humanidad del verdadero progreso y desarrollo.

Reflexionando en el diario actuar en nuestras vidas, nos daremos cuenta de que siempre hay una aparente buena razón para ocultar la verdad. La verdad no nos llena, no satisface nuestras expectativas porque siempre deseamos más, y por esto, vivimos hablando de lo que no somos y regocijándonos con lo que en realidad no tenemos.

A diferencia de lo que estamos acostumbrados, ahora analicemos algunas características del Hombre Auténtico:

El Hombre Auténtico empieza a tomar forma al momento de habilitar nuestra capacidad innata para diferenciar lo bueno de lo malo. Estamos desperdiciando esta gran virtud que marca la diferencia entre la gente civilizada y los bárbaros.

Nuestra manera de pensar está tan confundida que hemos caído en el error de llamarle "bueno" a lo malo y "malo" a lo bueno. Y es así por lo que no podemos avanzar hacia el desarrollo pues no somos capaces de identificar el rumbo correcto. Y como no existe una visión guía y unificadora, el desarrollo del país está sujeto al sentir y pensar de los particulares (sexenios), motivo por el cual cada quién jala "por donde más le conviene" y ésta es la razón por lo que nuestros proyectos no llegan a feliz término.

El Hombre Auténtico toma como una regla universal del comportamiento la convicción de procurar el bien para él y sus semejantes. El análisis de la realidad humana lo ha llevado a desechar el mal como una opción de superación personal pues a la larga, todos salimos dañados cuando alguien se vale del mal.

El Hombre Auténtico esta consciente de que la mentira destruye al mismo hombre, a su familia y a su patrimonio. Y cuando es usada de manera masiva, la mentira destruye todo tipo de sociedad y civilidad. Es por esta razón por lo que la mentira está catalogada como un delito federal en los Estados Unidos de Norteamérica.

El Hombre Auténtico se asemeja a un científico. Por el hecho de que no acepta argumentos que no estén plenamente comprobados. Nunca se deja influenciar por lo que alguien le sugiere, sino que somete toda información social a comprobación, a fin de determinar si cada decisión se encamina al beneficio colectivo.

Se dice que una persona es un Hombre Auténtico cuando de su mente ha desechado la idea de levantar un falso testimonio para obtener algún tipo de bienes materiales o cuando esta persona no se presta a concertar arreglos "por debajo de la mesa".

Aquella persona con la convicción de no utilizar una "coma" para cambiar el contexto en un documento o para cambiar el espíritu o la correcta interpretación de las leyes. Porque El hombre hace y determina la vida y duración de las palabras y no son las palabras las que deban determinar el curso de las relaciones humanas.

Un Hombre Auténtico es aquella persona con la sabiduría suficiente como para hacer a un lado los intereses personales y enfocar su capacidad y talento en la instauración del bien común.

La personalidad del Hombre Auténtico se empieza a formar cuando analizamos las enseñanzas de Jesús y en ellas descubrimos los verdaderos principios y valores de la humanidad. Mantener la atención sobre estos preceptos es lo que nos hará posible crecer en la fe. Y en la medida en que lo razonemos e introduzcamos sus enseñanzas, hasta hacerlas parte de nuestro ser, en esa misma medida iremos adoptando una Actitud Correcta Ante la Vida.

Esta actitud, junto con el constante trabajo reflexivo, nos hace llegar al terreno de las convicciones. Y como último paso antes de alcanzar la Santidad, se encuentra el Hombre Auténtico.

El Hombre Auténtico es la Unidad Fundamental para el Desarrollo Social. Podemos afirmar que Jesús entrego su vida con la esperanza de que a través de sus enseñanzas, el hombre pudiera hacer a un lado su naturaleza y el instinto animal, para comportarse como lo hacen los Ángeles en el Cielo. Porque Hombres Auténticos es lo único que se necesita para instaurar en el mundo un Estilo de Vida similar al que se practica en el Reino Espiritual del Señor.

¿Qué se necesita para dictar o reformar leyes que promuevan la igualdad del ser humano y mucha justicia social? Un equipo de hombres auténticos con especialidad en derecho constitucional, derechos y obligaciones fundamentales, etc.

¿Qué se necesita para mejorar la infraestructura en las ciudades? Un equipo de Hombres Auténticos con especialidades en Desarrollo Urbano, Ingeniería Civil, Arquitectura, Medio Ambiente, Comunicación, etc.

¿Qué se necesita para que la población mexicana adquiera servicios de salud de la mejor calidad en el mundo? Un equipo de Hombres Auténticos con especialidades en todas las ramas de la medicina.

¿Y para la educación de los niños y jóvenes mexicanos? No existe nada en el mundo que un equipo de Hombres Auténticos no pueda hacer a favor del desarrollo y el bien común. Al profundizar en el Proyecto de Jesús, nos daremos cuenta de que con sus enseñanzas nos trata de indicar un modo de comportamiento moral con el fin de adecuar nuestra conducta hacia el objetivo más alto del ser humano que es la obtención de vida eterna.

Y él se refería a ese cambio moral que debemos experimentar en nuestro ser para mejorar nuestra calidad humana. Cambio que mueve la conciencia del hombre para desarrollar en nosotros la virtud de la integridad. Entendida ésta, como el admirable hábito que se puede formar en la conducta del ser humano para que todos hagamos lo correcto, aún cuando nadie nos este observando. No existen las palabras adecuadas para describir la importancia del "Hombre Auténtico" dentro del Proyecto de Jesús. Sólo baste decir que sin

Hombres Auténticos no se puede construir la sociedad ideal. Porque en la personalidad de esta gente se encuentra la clave para manejar adecuadamente a la verdad y realidad humana, de tal manera que poco a poco se vayan orientando nuestras decisiones y obras hacia la conquista del bien común. Podemos afirmar que Jesús nos habló sobre La Verdad Social para que pudiéramos transformarnos en Hombres Auténticos. Y no hizo mención de la Verdad Científica o los adelantos tecnológicos, porque esto es algo que un equipo de Hombres Auténticos consigue por añadidura.

CAPÍTULO IX.- El Talento natural del ser humano, base para la organización de las sociedades en el mundo y para el desarrollo científico y tecnológico de la humanidad.

Jesús nos dejó las bases para que podamos iniciar una vía recta hacia el progreso y desarrollo de personas y pueblos. Esta forma básica en la manera de actuar dentro de un grupo social, es demasiado sencilla para el entendimiento, aunque definitivamente no es un asunto fácil para llevarla a la práctica dentro de la vida diaria.

Es aquí en donde necesitamos hacer uso de toda nuestra capacidad reflexiva para convencer a nuestro cerebro de que con este tipo de medidas, aparentemente simples, podemos construir cosas grandes y maravillosas.

La sociedad ideal basa su crecimiento, progreso y desarrollo en el talento natural de sus integrantes. La regla es sencilla y sólo es cuestión de aplicarla siempre y en todo momento. Los resultados de esto será una lluvia de beneficios para la sociedad en general, pero debemos estar muy atentos en los detalles de este asunto porque la costumbre y nuestra misma capacidad de razonamiento pueden ser las "murallas" que nos impidan alcanzar esta fuente de la inspiración para utilizarla en el beneficio colectivo. Dice la Verdad Social, a través de las enseñanzas de Jesús:

"Un hombre estaba a punto de partir a tierras lejanas, y reunió a sus servidores para confiarles todas sus pertenencias. Al primero le dio cinco talentos de oro, a otro le dio dos, y al tercero solamente uno, a cada cual según su capacidad. Después se marchó.

El que recibió cinco talentos negoció en seguida con el dinero y ganó otros cinco. El que recibió dos hizo otro tanto, y ganó otros dos. Pero el que recibió uno cavó un hoyo en la tierra y escondió el dinero de su patrón.

Después de mucho tiempo vino el señor de esos servidores y les pidió cuentas. El que había recibido cinco talentos le presentó otros cinco más, diciéndole: "Señor, tú me entregaste cinco talentos, pero aquí están otros cinco más que gané con ellos." El patrón le contestó: "Muy bien, servidor bueno y honrado; ya que has sido fiel en lo poco, yo te voy a confiar mucho más. Ven a compartir la alegría de tu patrón."

Vino después el que recibió dos, y dijo: "Señor, tú me entregaste dos talentos, pero aquí tienes otros dos más que gané con ellos." El patrón le dijo: "Muy bien, servidor bueno y honrado; ya que has sido fiel en lo poco, yo te confiaré mucho más. Ven a compartir la alegría de tu patrón."

Por último vino el que había recibido un solo talento y dijo:"Señor, yo sabía que eres un hombre exigente, que cosechas donde no has sembrado y recoges donde no has invertido. Por eso yo tuve miedo y escondí en la tierra tu dinero. Aquí tienes lo que es tuyo." Pero su patrón le contestó: "¡Servidor malo y perezoso! Si sabías que cosecho donde no he sembrado y recojo donde no he invertido, debías haber colocado mi dinero en el banco. A mi regreso yo lo habría recuperado con los intereses.

Quítenle, pues, el talento y entréguenselo al que tiene diez. Porque al que produce se le dará y tendrá en abundancia, pero al que no produce se le quitará hasta lo que tiene. Y a ese servidor inútil, échenlo a la oscuridad de afuera: allí será el llorar y el rechinar de dientes." (Mt 25, 14)

A cada cual según su capacidad. Este es un muy buen principio para definir quién puede ser el mejor candidato para ocupar un determinado puesto, sin tomar en cuenta otras variables de menor importancia, como puede ser: la edad, posición económica, apariencia física o la simpatía de los candidatos. ¡Capacidad y talento es lo que se requiere!

Por estos motivos debemos llegar a la convicción de que es más beneficioso para toda la sociedad ubicar a cada individuo en el puesto en donde puede desempeñarse con mayor naturalidad, y por lo tanto, sus labores se tornan sencillas.

Luego entonces, optemos porque **las tareas en el hogar, las obras públicas, los puestos en el gobierno, y en general, toda la distribución del trabajo dentro de una sociedad, se debe asignar en base a la verdadera capacidad y talento de cada uno de los aspirantes**.

Estamos acostumbrados a lo obvio: hijo del sindicato, futuro trabajador; el hijo del cantante, futuro cantante; el hijo del notario, futuro notario; el hijo del burócrata, futuro burócrata. etc.

Los puestos son asignados de acuerdo a la capacidad económica de las familias y a los contactos que se tengan dentro de cada esfera social, por lo que desaprovechamos la oportunidad de ver crecer y prosperar nuestras empresas cuando rechazamos a una persona con talento nato, y de esta manera, nos encontramos sumidos en la mediocridad y el subdesarrollo. Esta forma de pensar es una verdadera ancla que nos mantiene inmóviles en el tercer mundo. No es que un hijo no pueda tener el mismo talento del padre, en cuyo caso, ocupar el puesto de su padre es algo benéfico para él y para el desarrollo de la comunidad.

El problema es otorgar el puesto del padre a un hijo que carece del talento necesario para mejorar la obra realizada durante toda la vida de su padre. El problema es ubicar en puestos relevantes a todos los parientes o amigos, por el simple hecho de tener la posibilidad de hacerlo. Por lo tanto, debemos de entender que el Proyecto de Estratificación Social presentado por Jesús, nos enseña que la sociedad en su conjunto, adquiere inmensos beneficios a través de motivar y apoyar el desarrollo del talento natural presente en los individuos. Una sociedad que se preocupa por darle oportunidad a los que verdaderamente muestran talento para desempeñar una tarea determinada, con el transcurso del tiempo, podrá cosechar grandes beneficios para la misma comunidad.

Debemos llegar a entender que asignar tareas y puestos dentro de una sociedad ideal, es como asignar medallas en los Juegos Olímpicos: ¿A quién le entregan la medalla de oro en la prueba de los cien metros? No se la dan al hijo del organizador de los juegos. Tampoco se la dan al compadre del presidente anfitrión. El hermano del juez tampoco la recibe y ni siquiera la tiene segura el actual campeón olímpico. La medalla de oro para el primer lugar se entrega al atleta que demuestre mayores habilidades físicas y mentales en ése momento, y dentro de cada una de las diferentes disciplinas. Al que verdaderamente tiene lo que se necesita para ser el mejor en su especialidad, sin recurrir a prácticas fuera de las normas. En los Juegos Olímpicos, se premia al hombre que demuestre la mayor capacidad y el más grande talento para realizar con éxito una determinada prueba. Y de esta manera podemos afirmar que su talento es el mejor del momento a todo lo largo y ancho del planeta.

¿Qué pasaría si mandamos a un minusválido a correr los cien metros? ¿Tendrá posibilidades de triunfar ante atletas profesionales? ¡No verdad! Lo mismo pasa con todos los demás puestos y funciones dentro de una sociedad. Si lo más deseable y apropiado es que nos examine el mejor de los doctores cuando padecemos alguna enfermedad, entonces, debemos preocuparnos por encausar a los mejores individuos, sin distinción alguna, que verdaderamente muestran habilidades y un interés nato por la profesión.

Sólo así podrán desarrollar sus virtudes y habilidades para el beneficio de nosotros mismos. Hay que detectar desde temprana edad a los futuros especialistas médicos y apoyar su desarrollo, para que el día de mañana, cuando los necesitemos, estén bien puestos y dispuestos a servirnos y no tengamos que salir al extranjero para poder recibir atención médica de excelente calidad.

No tiene sentido que un doctor sin talento sea parte del equipo médico que atiende en una institución pública. No importa si es pariente o amigo de un alto funcionario o que esté ocupando una plaza de base dentro del más importante de los sindicatos.

Si alguien está matando a los pacientes que son factibles de curación, hay que sacarlo del medio. Hay que retirarle su título profesional y no permitir que siga matando a más gente. Esta persona está en el sitio equivocado, y para bien de todos, debe buscar otra forma de ayudar a su comunidad pero lejos de la medicina.

Lo mismo sucede en todas las demás áreas del conocimiento. Para estar en posibilidades de confiar nuestro patrimonio en las manos de un abogado, debemos hacer mucha labor reflexiva para conseguir que este tipo de profesiones sean ocupadas sólo por personas con una excelente calidad humana y un inmenso amor por servir en su profesión de acuerdo con los verdaderos principios y valores de la humanidad. Hay que estar pendientes de la actitud de los individuos antes de entregarles un título profesional.

En asuntos como el presentado en el párrafo anterior nos damos cuenta de lo importante que son las estadísticas, pues estas nos pueden dar una visión rápida y atinada sobre el desempeño profesional de cada uno de los individuos que atienden a la sociedad.

Y si existen instituciones capaces de formar especialistas en cada materia, estas también deben tener la responsabilidad de vigilar y supervisar el desempeño de todos y cada uno de los individuos que se ganan el sustento diario a través de ejercer una profesión. Porque **los conocimientos especializados sirven para impulsar el desarrollo de la sociedad y no para que los individuos los transformen en un instrumento de explotación y dominio**.

Esto es lo que Jesús espera de nosotros: que hagamos uso de todo nuestro poder de razonamiento y utilicemos al máximo la capacidad reflexiva para desarrollar en nosotros el buen hábito de identificar, reconocer y apoyar las virtudes de cada ser humano, y encausar este talento para que alcance todo su desarrollo, ya que de esta manera, todos seremos directamente beneficiados.

Por instinto y como un producto de la naturaleza humana tendemos a apoyar al débil; nos solidarizamos con los que no pueden y hasta sacamos la cara para dispensar a los que por ignorancia o incapacidad actúan mal. Jesús nos llama a actuar con mayor reflexión. No dejarnos conducir por los instintos naturales sino que actuemos sólo después de un profundo razonamiento.

Distribuir puestos de acuerdo a la capacidad individual de las personas requiere de mucha capacidad reflexiva de nuestra parte. Debemos meditar, con verdadera sabiduría, para descubrir que es más provechoso para todos, poner al frente de nuestro negocio a una persona con capacidad y talento, que a nuestro propio hijo, amigo o recomendado. ¿De qué le serviría a un hombre poner a su hijo como capitán del barco, si todos corren el riesgo de morir en las profundidades del océano?

Dentro de una sociedad ideal, **los criterios básicos para la asignación de tareas y puestos son: la verdad de la capacidad y talento en los individuos y su Correcta Actitud Ante la Vida**. En este tipo de sociedades no existe el compadrazgo, las amistades o el nivel socioeconómico de los candidatos.

Es en base a la verdad de nuestras habilidades físicas y mentales como se nos asignan las obligaciones y los derechos, de todos y cada uno de los integrantes de la sociedad, por lo tanto, Vivir en la Verdad, en lo que se refiere a la asignación de puestos, es tomar a la Verdad del talento individual, compaginada con la Verdad Social, como únicos elementos de juicio para otorgarle a cada individuo la tarea que mejor puede desempeñar.

De esta manera, todos llegaríamos algún día a ocupar un puesto que al desempeñarlo nos hiciera sentir bien. Y cuando uno se siente bien con lo que hace, el trabajo se transforma en una pasión, por lo que nuestro rendimiento se multiplica infinitamente. Y con una multitud apasionada por su trabajo, la sociedad recibe incontables beneficios.

Debemos llegar a comprender que el talento de las personas es el "hilo negro" para el progreso de los pueblos. Que el talento es la "varita mágica" para activar el proceso de desarrollo de una sociedad. Y que si todos vamos a luchar porque el más apto ocupe la cima de nuestra estructura social, es para que con su talento nos ayude a subir cada día más alto y poder así mejorar nuestras condiciones de vida. Ya están pasando los tiempos en donde el que está arriba, es sólo para mandar a los demás a que hagan su voluntad.

Buscar y apoyar el talento natural de las personas para cimentar el desarrollo de nuestras sociedades es parte fundamental dentro del Proyecto de Jesús, y en esto es en lo que nosotros debemos emplear toda nuestra capacidad reflexiva. Esta es una tarea que nosotros sí podemos realizar de manera muy aceptable. Lo importante es adquirir la predisposición para encausar todo nuevo talento que encontremos alrededor o en el largo caminar de la vida.

El talento natural del ser humano es la base del progreso social en todos los ámbitos: ya sea para el desarrollo de las ciencias, la tecnología o la organización social. El talento es la herramienta de la que debemos echar mano a fin de encontrar las respuestas para la solución de todos nuestros problemas y necesidades sociales.

El verdadero progreso de la humanidad está en el desarrollo personal de todos y cada uno de los individuos que han recibido de Dios Padre un Don o talento especial, por lo tanto, nuestro máximo interés, para poder salir del subdesarrollo, debe enfocarse a realizar esta tarea lo más acertadamente que podamos.

Ubicar el talento natural de los individuos dentro de cada una de las áreas del conocimiento humano es lo que Jesús nos recomienda al enseñarnos con estas palabras: "Busca primero el Reino de Dios y su Justicia Divina", y ya que hayamos logrado que cada uno de estos individuos se sientan a gusto trabajando en aquello que más les apasiona, generarán frutos bellos y refinados para el consumo y bienestar de toda la sociedad. Jesús sabía esto, por eso terminó su enseñanza con estas palabras: "Y todo lo demás, por aña-didura se te dará", pues el beneficio material es una consecuencia lógica luego de "sinto-nizar" correctamente nuestra forma de pensar y la manera de actuar en sociedad.

Dentro de la sociedad ideal, la verdad del talento natural de los individuos es el ele-mento clave para encontrar el equilibrio y la unión entre los hombres. Esto nos permite sumar esfuerzos y ser capaces de trabajar hombro a hombro con personas de habilidades similares. En una sociedad como ésta, la convicción de amar y respetar nuestra verdad y las verdades de los demás, nos permite unir esfuerzos para establecer e impulsar el tra-bajo en equipo. Dos cabezas piensan más que una, pero un equipo de personas talento-sas es capaz de realizar verdaderos milagros para el bien común.

Sólo una cosa tengo por seguro: si nosotros cumplimos con la parte que sí podemos hacer, Dios Padre se encargará de que cada individuo que lo requiera reciba la inspiración del Espíritu, para que verdaderamente pueda desarrollar al máximo su capacidad indivi-dual, y con esto, obtenga el éxito y su beneficio personal, y al mismo tiempo, ayude al éxito familiar e impulse con los frutos de su talento al desarrollo de toda la sociedad.

Por último, solo puntualizar la importancia de la Verdad Social sobre la verdad del ta-lento individual y las habilidades personales. Es importante impulsar el desarrollo del talento de todos y cada uno de los individuos que integran la sociedad, pero es aún más importante estar seguros de que dichas personas comulgan con los principios y valores de la Verdad Social.

Que no sean personas que intelectualmente se sienten autosuficientes y con esta vana idea, se encuentran perdidos pensando que a través de su capacidad intelectual ellos van a lograr resolver los problemas de la sociedad sin apegarse al Proyecto de Jesús. ¿De qué nos sirve apoyar a una persona si en su mente tiene una escala de valores personalizada que no comulgan con los Valores de la Verdad Social?

No tendría sentido darle un puesto público a una persona cuyas convicciones le moti-ven a mantener en el poder a sus parientes y amigos porque él está convencido de que su beneficio personal y familiar está por encima del beneficio colectivo. Por lo tanto, pode-mos asegurar que el talento, sin la convicción de la Verdad Social, causa mayores daños al desarrollo de la sociedad que lo poco positivo que pudiera aportar. Una persona talen-tosa puede extraviarse entre los misterios de Dios, y mientras no se reencuentre con Él, su talento no es tan benéfico como pareciera pues su ruta esta "desfasada" del verdadero Camino hacia el progreso.

Tratar de describir la manera en cómo funcionará una sociedad que se apegue a los conceptos de Jesús, dentro de mil años, es un asunto humanamente imposible. Nunca podremos predecir los adelantos científicos y tecnológicos que se van a presentar en el futuro pues los campos para la investigación son inmensos.

Lo que sí se puede predecir es que todo pueblo que trate de llevar a la práctica el Pro-yecto de Jesús y en este caso en particular realice la distribución del trabajo y otorgue las funciones públicas apegados a la verdad del talento natural, tendrán la posibilidad de ubicarse en ésa magistral tarea de conquistar el universo para beneficio de la humanidad.

Para concluir con esta difícil tarea de hablar sobre la asignación de funciones en base al talento natural de cada individuo, **quiero echar a volar mi imaginación** y ubicarme dentro de un grupo de personas que esperan audiencia para entrevistarse con nuestro Padre Eterno. Dentro de este marco de respeto y gran admiración por lo que han visto estas personas en el Cielo, no pueden dejar de hacer estas preguntas al Señor: Padre...

¿por qué si aquí en la Gloria todos saben cómo controlar y erradicar las enfermedades de la tierra, por qué no se les ha hecho saber a nuestros médicos y evitar con esto el sufrimiento de mucha gente? ¿Por qué si aquí todos se tratan como a uno le gusta ser tratado, por qué no se le enseña a la humanidad a tratarse con las mismas reglas? ¿Por qué permite usted que el hambre, la injusticia y la crueldad entre los hombres sea el pan de cada día?

El Señor, con todo el aplomo que la perfección le crea, da sus respuestas: Día con día, sobre la tierra derramo muchos Dones. Y todos ellos los deposito en individuos con mayores capacidades físicas y mentales para que los desarrollen adecuadamente, de manera que sean una verdadera alternativa para las distintas necesidades y problemas de la humanidad.

En el área de la medicina por ejemplo, son muchos los individuos que en su ser tienen la capacidad para especializarse y encontrar la cura a las enfermedades que aquejan a la humanidad entera, sin embargo, la organización de muchas sociedades en el mundo, no les permiten a estas personas acceder a los lugares o puestos desde donde pueden hacer su aportación intelectual, y con esto, desarrollar sus habilidades en beneficio de la humanidad.

Así como en la medicina, todos los días envío sobre la tierra talento a las personas para que encuentren la manera de convivir en armonía como lo hacemos aquí en este Reino. Para que establezcan normas y leyes a favor de la convivencia basada en la justicia para el establecimiento de la paz. Para que se hagan de más artefactos y productos que ayuden al esplendor de la vida.

No se les han revelado reglas diferentes ni he ocultado nada que evite a los hombres alcanzar la perfección. Mi propio hijo aceptó la decisión de bajar al mundo para dar testimonio de la verdad, que es el instrumento para liberar al mundo de sus problemas y necesidades sociales. Se les ha indicado el camino para recibir la guía y protección del Espíritu, con lo cual pueden lograr cualquier cosa que se planteen como propósito para el bien común, pero: ¿qué pasa en la realidad?

Con mucha tristeza veo que el talento de las personas no se aprovecha y aplica en beneficio del bien común. En lugar de estar buscando la cura de las enfermedades, la mala organización los ha relegado a buscar su sustento en el área del comercio informal.

En lugar de permitir que estas personas con verdadero talento ocupen la dirección de las investigaciones en los Centros de Salud, ustedes los han relegado a ocupar puestos totalmente diferentes a sus habilidades innatas y en el lugar que debieran estar ellos, encontramos a gente sin interés ni capacidad para la medicina.

Personalmente se les ha indicado que la verdad es el instrumento para que la humanidad pueda alcanzar el entendimiento y equilibrio entre los anhelos y necesidades de los individuos. Que el único medio para alcanzar la perfección es a través de la unidad entre los hombres, pero ¿qué pasa en la realidad?

El hombre sigue buscando alianzas entre los grupos de poder para escalar dentro de la sociedad, en lugar de utilizar la Alianza que Jesús les ha concertado. El hombre sigue colocando en los puestos a su gente de confianza en lugar de colocar a los individuos que Yo he bendecido con Dones y Talentos especiales. En lugar de aceptarse como iguales, el hombre sigue pensando que cada uno de ellos es diferente a los demás, y que por estas diferencias, merece estar en un lugar especial y ser servido por los menos aptos, cuando en la realidad, **el Beneficio Verdadero se genera y transmite de los más aptos**

hacia los menos capacitados. Como han podido comprobar, aquí a nadie se le obliga a actuar de una manera determinada, todo es producto de la propia convicción en los Seres. Yo no puedo obligar al ser humano a tomar el camino de la verdad, pues esto significaría violar su libertad, autonomía y dañar en el proceso su impulso de superación. La capacidad para comprender y entender esto, le llegará por sí mismo.

Ahora, no pregunten: ¿Qué ha hecho su Creador para solucionar los problemas del mundo? Más bien, pregúntense: ¿Qué he hecho yo para que el Proyecto de Desarrollo elaborado por Jesús se materialice en el mundo? Porque la solución a los problemas del hombre se le ha entregado personalmente al mismo hombre y la Sabiduría Divina está a su alcance, pero: ¿Quién ha puesto al servicio del Creador su capacidad intelectual? Si la inteligencia del hombre puede reflejar la Sabiduría Divina... ¿por qué no hay disposición para llevarlo a la práctica?

Entonces, no pregunten: ¿En dónde está la mano de Dios que no vienen a solucionar todo aquello que sabe está mal? Más bien pregúntense: ¿Por qué no he puesto mis manos al servicio de Dios para que a través de ellas Él pueda actuar entre los hombres?

Porque cuando el corazón de ustedes sufre, el mío también sufre. Cuando ustedes gozan, yo también gozo. Deben tomar conciencia de que la Nueva y Eterna Alianza que Jesús pactó conmigo, para bien de ustedes, se basa en el principio de unidad: Si Yo estoy en él, y ustedes con él, entonces, Yo estoy con ustedes. Mis manos son sus manos y mis ojos son sus ojos. Lo que yo hago, lo pueden hacer ustedes. Esta es la Verdad.

Cuarta Parte

Convicciones universales

CAPÍTULO X.- Diferencia entre convicciones auténticas y las falsas.

Hablar y transitar por esta vida en base a las verdades del mundo es el primer paso, pero dentro del largo proceso hacia nuestra perfección, no es el único. Una persona puede ser catalogada como auténtica de acuerdo a las verdades de este mundo, pero no necesariamente será auténtica ante la Verdad del Universo.

Es sumamente importante tener siempre presente que existen dos tipos de convicciones: las auténticas y otras falsas. Por lo que vivir siguiendo la ruta de falsas convicciones es tan malo como quién vive sin pensar en su futuro. Analicemos el siguiente ejemplo:

San Pablo y Carlos Marx fueron dos grandes personajes de la historia que vivieron en la verdad. Esto es particularmente cierto si tomamos para su análisis la acepción de verdad que dice que para que algo sea verdadero debe existir una conformidad de lo que se dice con lo que se siente o se piensa. Bajo esta acepción podemos afirmar que ambos personajes vivieron en la verdad ya que con sus argumentos cada quien decía y escribía acerca de lo que realmente pensaba. Pero ahora demos un paso más profundo en nuestro análisis y hagámonos la siguiente pregunta: ¿Quién de ellos cumple con la acepción de verdad que dice que para que algo sea verdadero debe existir una conformidad de las cosas en el mundo real con el concepto que de ellas forma la mente?

Sin lugar a dudas Carlos Marx fue uno de los grandes genios de la humanidad y en sus argumentos existe mucha verdad incluida, pero desgraciadamente para él, y para sus seguidores, con sus preceptos jamás se podrá construir una sociedad ideal. Y no se puede llevar a cabo porque sus preceptos no incluyen la realidad que rige el universo. Marx se inclinó por el aspecto material del hombre y nunca incluyó en su doctrina nuestra parte espiritual que nos lanza hacia el descubrimiento de la verdad y la conquista de la libertad. Sentimientos y anhelos que escapan a cualquier proyecto humano que trata de limitar y "encajonar" el talento natural en cada uno de los particulares.

San Pablo fue un hombre que vivió sus últimos años apegados a la realidad, no sólo del mundo, sino a la Verdad del Universo. La certeza que finalmente llevó en su mente, sobre el triunfo de Jesús sobre la muerte, fue motivo suficiente para que encontrara más elementos que a nosotros nos pueden servir para construir nuestra sociedad con la seguridad de alcanzar mejores niveles de desarrollo. Y esto es lo más importante para que el ser humano encuentre la manera de desarrollar su estilo de vida a semejanza del que se practica en el Reino de los Cielos. Los escritos de San Pablo nos encaminan hacia la plena confianza en las enseñanzas de Jesús, pues en su mensaje (de Jesús) se encuentra la conceptualización del desarrollo de nuestra sociedad de la única forma en que en la realidad se puede lograr el verdadero progreso para la humanidad.

Han existido grandes personajes que con su trabajo intelectual lograron influenciar el comportamiento de los individuos para tratar de canalizarlos e implantar armonía, paz y justicia social. Gente como: Maquiavelo, Hobbes, Kant y Hegel se destacan por sus aportaciones en el aspecto ético, sin embargo, el tiempo ha de conceder a Jesús el honor de ser el único que con sus enseñanzas logra establecer la paz universal sin que para ello tenga que someter a una parte de la población para servir a la otra.

Su proyecto se basa en aprovechar todo tipo de beneficios que genera la aplicación de la verdad en la vida social. Es una dinámica generadora de bienestar social pero que al mismo tiempo respeta las diferencias en cada individuo.

Si pudiéramos combinar las habilidades de Carlos Marx por descubrir la verdad social detrás de la complejidad de las relaciones humanas y sumarle a esto la certeza de san Pablo por el Reino de los Cielos, conformaríamos al hombre perfecto pues tendríamos entre nosotros a alguien con la capacidad de ubicarnos correctamente ante las verdades de nuestro mundo sin perder de vista el objetivo primordial: Conquistar la Vida Eterna.

CAPÍTULO XI.- La existencia de Dios Padre.

Desde tiempos muy remotos el ser humano presintió la existencia de Dios. No creo estar equivocado al decir que todos los pueblos de la antigüedad trataban de rendir culto a esa fuerza sobrenatural que presentían, pero que nunca fueron capaces de determinar. Se confundió al Poder de Dios con la fuerza de algunos fenómenos naturales.

También a los animales y cosas de nuestro universo se les atribuyeron poderes que en realidad no tienen. Durante miles de años, el hombre anduvo sobre el planeta desorientado y lleno de todo tipo de temores a causa de no poder concebir el origen sobre la inmensidad del universo que se manifestaba sobre su cabeza.

Fue muy largo el tiempo en que el hombre transitó por el mundo sin poder reconocer al Dios verdadero. También, durante este largo lapso, se demostró que la capacidad del intelecto humano es Insuficiente para organizar sus sociedades de manera pacífica y en un ambiente de cordialidad, paz y fraternidad. Quizá por este motivo, el hombre nunca tuvo la oportunidad de sentir, en lo más profundo de su ser, la presencia de su Creador.

Nunca se mostró algún acercamiento hacia el descubrimiento del Creador, pues el hombre tenía como principal objetivo el tratar de someter a los demás para convertirse en el rey del universo. Una lucha entre iguales en donde todos resultaban perdedores y en donde el hombre llegó a su nivel más bajo si hablamos de calidad humana.

Esta lucha por dominar el mundo estaba deshumanizando totalmente al hombre, **pero el Señor, en una muestra de su infinita misericordia, decide intervenir en nuestra historia pues con este tipo de conducta, el ser humano se estaba autodestruyendo sin tener la mínima posibilidad de poder alcanzar la vida eterna.**

Desde que Dios Padre intervino, la humanidad ha experimentado un choque en las costumbres. En un momento de la historia, se hace de un pueblo para enfrentarlo ante la disyuntiva de renunciar a sus usos y costumbres para tratar de que adquiera los nuevos hábitos de la Cultura Divina. Es una etapa que se lleva miles de años, y que al final, el hombre no logra entender la alternativa de desarrollo propuesta por el Creador.

El clímax de la intervención Divina se da con la llegada del Hijo de Dios. Con la venida de Jesús, es al mundo a quien ahora se enfrenta ante el reto de evolucionar de la cultura del ser humano, a la Cultura Divina. Y desde entonces, el pensamiento cristiano ha venido presentando diferencias en las formas y los métodos, con respecto a la manera de interpretar las enseñanzas de Jesús.

Estas diferencias no se dan en la humanidad por el hecho de existir varias maneras para estar en gracia de Dios Padre, más bien, tienen su origen en la renuencia del hombre para hacer a un lado los aspectos negativos que pudieran existir dentro de su cultura original y tomar sin reservas las propuestas de Jesús.

Hubo otro período en que se interpretó la Voluntad de Dios de tal forma que se humanizo totalmente. Dios Padre no era el que dirigía al hombre, sino que eran los hombres quienes creían manipular la Voluntad Divina para acoplarla a los requerimientos de sus costumbres y ambiciones personales. Y la humanidad se quedó en un estado de mucha oscuridad intelectual y estancamiento en el desarrollo social, en virtud de esperar en el Señor, pero por el camino equivocado.

Finalmente la razón vino a desplazar al dogma. No porque el dogma sea falso, sino porque no hemos sido capaces de entender los alcances del proyecto de Jesús. Casi todo el mundo puso sus esperanzas en que con las ciencias, el hombre encontraría el progreso, la felicidad y el respeto al mismo ser humano. ¿Qué hay de malo con esta nueva forma de tratar de llegar a la Verdad en el Universo? Que la ciencia se fue al otro extremo, tan incierto como al que reemplazó.

Durante el desarrollo de las ciencias, por primera vez se conoce prácticamente todo el entorno natural. También nos proporcionó una cantidad innumerable de comodidades y aparatos que lograron hacer nuestra existencia más fácil y placentera.

Pero sobre el tema de la convivencia pacífica, entre más pasa el tiempo, menos control existe sobre la voluntad de los individuos. ¿Por qué? Porque la Verdad Científica es sumamente eficiente en asuntos de la naturaleza y en el estudio de sus fenómenos pero... ¿qué sabe de las aspiraciones e inquietudes de todos y cada uno de los seres humanos? Ahora estamos en el otro extremo: se cuenta con gran tecnología; se obtienen jugosas ganancias e increíbles beneficios, pero nos está faltando un mundo pacífico en el cual se pueda disfrutar de todas las maravillas creadas a través de la ciencia.

Definitivamente es bueno y necesario desarrollar las ciencias y la tecnología pero es de mayor importancia, que el desarrollo especializado cimiente y promueva el desarrollo de todas las personas en el mundo, de lo contrario, la Verdad Científica se encontrará trabajando en contra de la Verdad Social, y sobre ésta, no tiene posibilidades de éxito.

Dios Padre designó a Jesús como fundamento para el desarrollo y perfección de la humanidad y nunca lograrán las ciencias producir este efecto por sí mismas. Sólo a través de la correcta aplicación del Proyecto de Jesús se puede traer al mundo el progreso, paz y justicia social de una manera equilibrada y benéfica para todos.

De la mano de Jesús, iremos aprendiendo sobre la Verdad Social, para definir el rumbo de la Verdad Científica, y junto con una gran minoría de Hombres Auténticos, podremos construir un mundo más igualitario y con mayores oportunidades para todos.

La lucha de contrarios ya se está librando con los Hombres Auténticos, quienes se van agrupando y organizando para que con la ayuda de todo tipo de Verdades

Universales, vayan sometiendo a los individuos amantes de la corrupción, la delincuencia; de todo tipo de explotación; de las falsedades y la mentira; a los soberbios; inhumanos y prepotentes; a los que aman los privilegios por encima del bien común, y en general, a todo aquel con problemas de actitud antisocial.

Construirnos la convicción sobre la existencia de Dios Padre es recurrir a las fuentes para comprobar que son muy pocos los que realmente no han sido capaces de sentirlo en sus vidas. Erróneamente pensamos que todo científico es un oponente de Él, pero en la realidad, muchos descubrimientos se han logrado gracias a su intervención Divina.

Pensar que el hombre va a alcanzar la perfección a través del desarrollo de las ciencias es vivir fuera de la realidad. En estos tiempos del siglo veintiuno, vivir pensando que no existe un Dios que gobierna el mundo y el universo entero, es una forma muy desatinada de pensar.

El ser humano ha intentado alcanzar la eternidad del espíritu a través de mil maneras, pero una constante que podemos apreciar en este esfuerzo milenario es que siempre ha querido tener el control sobre este proceso. El hombre espera alcanzar vida eterna con un método en donde la mente este consciente de todos y cada uno de los pasos que hay que emprender para llegar a ella. Lo que yo he podido comprobar es que las cosas en el universo no se realizan de acuerdo a la voluntad humana.

Estimado lector, si realmente te interesa conquistar la inmortalidad de tu espíritu, es necesario que te sometas a los designios divinos. Es necesario renunciar a uno mismo para que nuestra vida sea dirigida bajo la Sabiduría de Dios Padre. El secreto es muy simple: Si el hombre toma las riendas de su destino, entonces, está solo ante el universo; pero si nos sometemos al Poder y Sabiduría Divina, nos ubicamos en el mejor de los sitios para vencer los retos del destino.

Tal vez parezca curioso pero es la manera como funciona esto: cuando yo renuncié a mi vida para ponerme al servicio del Creador, desde ese momento empecé a vivir en plenitud. Uno debe renunciar a lo que el hombre llama "vida" para despertar a la eternidad. Hay que "morir" para empezar a vivir.

Este es uno de los grandes secretos del Señor, que ante los ojos del hombre parece como dar un paso hacia el precipicio. Porque todo ser humano sobre la faz de la tierra tiene la capacidad de comprobar la existencia del Creador, el único requisito es que se debe hacer bajo sus reglas o lineamientos, en donde los aspectos más importantes son el demostrar: disposición, fidelidad y absoluta confianza en su Sabiduría. Entonces, la vida eterna no se descubre a través del intelecto humano sino que es algo que se gana luego de seguir el camino de verdad y vida enseñado por Jesús.

CAPÍTULO XII.- Los alcances del Primer Mandamiento.

Una convicción que debemos llevar en lo más profundo de nuestro entendimiento, es la de cumplir el Primer Mandamiento en toda su extensión y dominio. Dice este decreto:

"Escucha, Israel: El Señor nuestro Dios es un único Señor. Amarás al Señor tu Dios con todo tu corazón, con toda tu alma, con toda tu inteligencia y con todas tus fuerzas. Y después viene este otro: Amarás a tu prójimo como a ti mismo. No hay ningún mandamiento más importante que éstos." (Mc 12,29)

Amar a Dios con todo nuestro corazón, significa: Que debemos amar a todo lo que Él es, y a todo lo que Él ha creado. Todo lo ha hecho Dios con algún propósito predeterminado y si no lo comprendemos, esto no es motivo para despreciar algo que existe y es real y verdadero. Amar a Dios con todo el corazón es analizar las diferentes verdades de la vida para descubrir el rol de todas las cosas, fenómenos, animales y personas. Siguiendo este camino llegaremos a la fase en la cual podremos contemplarlo todo, como un gran conjunto en el que los seres individuales encontramos un espacio que podemos utilizar para el beneficio de los demás.

Hoy podemos comprobar que hasta las especies de animales que para algunos nos pueden parecer de aspecto repugnante, son de gran ayuda para la humanidad pues la ciencia ha descubierto componentes químicos y/o bacteriales, que sirven en el tratamiento de muchas enfermedades. Los peores venenos de la naturaleza los estamos usando en el tratamiento de diversas enfermedades, por lo que todos debemos mostrar más respeto y cuidado hacia todo tipo de vida sobre el planeta.

Amar al Padre con toda nuestra alma, significa: Aceptar nuestra condición imperfecta como seres humanos y reconocer la perfección en su Persona. Como humanos somos imperfectos en nuestro propio ser y en nuestra forma de actuar.

Podemos decir que el ser humano es imperfecto en cuerpo, alma y obra. Obviamente nuestro cuerpo es imperfecto pues de lo contrario nunca moriría. En alma, porque requerimos de fortalecer el espíritu para que sea capaz de vencer a la muerte y salir con vida de este mundo. En obra, porque nuestro razonamiento no llega más allá de encontrar un éxito relativo sobre el beneficio personal o familiar, pero para buscar el beneficio de toda la humanidad hace falta la Sabiduría Divina.

Hay una verdad social que es importante tomar en cuenta porque de ello depende que el avance de la sociedad evite caer en contratiempos innecesarios. Y es que la vida productiva del hombre tiene altibajos muy marcados. Esto se puede visualizar con la ayuda de una gráfica.

Si por un lado ponemos los años de vida y por el otro analizamos el grado de productividad, veremos que la existencia humana realiza una parábola en donde podemos observar que la productividad del hombre sube a medida en que avanza en edad pero llega a un punto en que esta productividad empieza a decrecer. Observamos que la productividad disminuye a medida que el tiempo avanza y se acerca a la vejez. Entonces, amar a Dios con toda el alma significa aceptar esta condición en la imperfección del hombre para ceder nuestro lugar a otra persona, con las mismas capacidades, pero que en su vida productiva se encuentre en ascenso.

Si esto lo convertimos en una premisa para la organización de la sociedad pronto notaríamos que avanzamos a paso firme sin las caídas negativas a que nos puede llevar una persona que ha dejado de producir frutos buenos.

Amar a Dios con toda nuestra inteligencia significa: poner a su servicio el razonamiento y toda la capacidad reflexiva de que dispongamos, para perseverar en su palabra y comprenderla en su forma correcta. De esta manera podremos entender la verdad de los hechos y la realidad de los acontecimientos y enfocarlos, no bajo los criterios humanos, sino con la Luz de la Verdad Social.

Esto es de lo único que requerimos para cimentar adecuadamente el desarrollo de nuestras vidas; las vidas de nuestros seres queridos y en general, la vida de la sociedad. Todo lo demás, viene por añadidura.

Si nos enfocamos a hacer sólo aquello que podemos hacer y dejamos a Dios Padre lo que por naturaleza no podemos realizar, entonces no pasará mucho tiempo para comprobar que Él siempre cumple con la parte que le corresponde.

Amar a Dios es utilizar nuestra capacidad intelectual para formular proyectos para el desarrollo social, tomando como máximas indiscutibles, los preceptos de igualdad, talento y hermandad enseñados en su Palabra. Las posibilidades de que el hombre obtenga éxito con este tipo de proyectos son directamente proporcionales a la capacidad de cada individuo para interpretar correctamente el Plan Divino.

Entre más se expresen los detalles del Proyecto de Jesús en un plan para el desarrollo social, mayores posibilidades de que éste alcance el éxito. Y cuando un proyecto se realiza exitosamente, gana el autor del mismo, gana su familia, colaboradores y gana la comunidad.

Amar al prójimo como a uno mismo es más fácil de entender pero igualmente de difícil para llevarlo a la práctica. Si en nuestras manos está el tomar una decisión que tenga que ver con la situación de los demás, pensemos primero si nosotros nos sentiríamos complacidos en la situación en donde queremos poner a los demás.

Hay que analizar la verdad de los hechos y tener muy presente la Verdad Social, para que nuestras decisiones nos ayuden a mejorar la condición humana y no obstaculizar su desarrollo.

Jesús nos llama a practicar la misericordia con todo aquél que está pasando por una etapa en que le es muy difícil satisfacer sus necesidades básicas. Eso es lo que a nosotros nos gustaría que los demás hicieran cuando sentimos hambre, pero esta enseñanza no para aquí. Dentro de la vida diaria, amar al prójimo como a uno mismo quiere decir que si alguien llega hasta nosotros en busca de un lugar para trabajar, debemos atenderlo como a nosotros nos gustaría que nos trataran cuando andamos en la calle buscando un empleo para llevar comida a la mesa de nuestra familia.

También, amar a Dios es analizar la realidad de la situación para definir si lo que alguien te pide es algo que verdaderamente le corresponde. Muchas veces pedimos más de lo que merecemos, por eso es importante basarnos en la verdad de los hechos para que apoyados en los principios de la Verdad Social podamos definir ¿quién lo necesita realmente? Esto no porque nos convenga a nosotros o a nuestros seres queridos, sino que sea una decisión que más convenga al desarrollo de la comunidad.

Cumplir con el mandamiento más importante de la Ley de Dios, adoptando la postura de Hombre Auténtico, nos acerca al Reino de los Cielos. En este estado de crecimiento espiritual, la vida y los conflictos sociales adquieren otra dimensión y también adquieren su verdadero sentido.

CAPÍTULO XIII.- Busca primero el Reino de Dios y su Justicia Divina.

Como hemos visto antes, existen en el universo dos formas de llevar el sustento a los hogares: a través de lo que nos indica la razón y la lógica humana y a través de la Sabiduría Divina. Nuestro razonamiento e impulsos naturales, nos motivan a conseguir el sustento diario a través de realizar algún negocio o una tarea determinada.

Esto es lo que ocupa el primer escaño en la sucesión de prioridades de todos nosotros y por este motivo nunca tenemos tiempo para Dios Padre, pues la urgencia de satisfacer las necesidades básicas ocupa la mayor cantidad de tiempo y el mejor de nuestro esfuerzo físico e intelectual. El hombre, en su etapa productiva, desea acomodarse dentro de la sociedad de tal modo que le sea posible conseguir una forma de llevar el sustento a su hogar y guardar lo más posible para la vejez y en este intento nos gastamos la vida. Pero la gran mayoría de personas llegan a la tercera edad sin haber conseguido estabilidad económica ni moral. Nuestra forma de actuar es una consecuencia lógica de diversas líneas del pensamiento social que dicen:

a).- Primero: una buena educación para conseguir un buen empleo. Esto me permitirá ganar una buena cantidad de dinero para poder formar un hogar en el que no falten las mejores comodidades. Después, echándole muchas ganas, podré comprar un súper auto; las mejores ropas, y si se puede, me pongo mi "casa chica", total, después de tanto sacrificio, creo que lo valgo.

b).- Ya que no pudiste terminar una carrera profesional, ponte abusado en tu trabajo; aprende todo lo que ahí se hace para que el día de mañana puedas poner tu propio negocio. Así ya no tendrás jefes y serás el único que pueda escoger tu horario de trabajo.

c).- Trabajar en equipo y formar parte de una sociedad son cosas que no dan resultados. No hay como uno mismo hacer las cosas porque jamás podrás confiar en otros. El trabajo en equipo sólo produce riñas y envidias por lo que es mejor evitarlo. Definitivamente es mejor estar solo que mal acompañado.

d).- La igualdad, paz y justicia social son una falacia (engaño). El ser humano es malo por naturaleza y jamás encontrará el eje central alrededor del cual todos podamos unir nuestro esfuerzo en busca de un objetivo común. Esto sólo pasa en las películas y es un producto de mentes soñadoras. El destino es cruel y no hay nada que podamos hacer por evitarlo.

e).- Está probado totalmente: ¡Portarse bien no deja nada! Nadie se hace rico por los méritos de sus buenas acciones. La verdad en el mundo real es que: El que no transa... ¡No avanza!

Estas formas de pensar encuentran justificación dentro de las circunstancias y características de nuestra sociedad, pero definitivamente no son asuntos que se puedan considerar como partes de una realidad inmutable del ser humano.

La Verdad Social nos invita a pensar en otra alternativa para poder actuar de modo diferente y tener posibilidades reales de llegar a la vejez disfrutando de la vida y conviviendo armoniosamente con el resto de la sociedad. Dice la Verdad Social:

"No se atormenten por su vida con cuestiones de alimentos, ni por su cuerpo con cuestiones de ropa. Miren que la vida es más que el alimento y el cuerpo más que el vestido. Aprendan de los cuervos: no siembran ni cosechan, no tienen bodegas ni graneros y, sin embargo, Dios los alimenta. ¡Y ustedes valen mucho más que las aves!

¿Quién de ustedes, por más que se preocupe, puede añadir algo a su estatura? Si ustedes no tienen poder sobre cosas tan pequeñas, ¿cómo van a preocuparse por las demás?

Aprendan de los lirios del campo: no hilan ni tejen, pero yo les digo que ni Salomón, con todo su lujo, se pudo vestir como uno de ellos. Y si Dios da tan lindo vestido a la hierba del campo, que hoy está y mañana se echará al fuego, ¿qué no hará por ustedes, gente de poca fe?

No estén pendientes de lo que comerán o beberán: ¡no se atormenten! Estas son cosas tras las cuales corren todas las naciones del mundo, pero el Padre de ustedes sabe que ustedes las necesitan. Busquen más bien el Reino, y se les darán también esas cosas." (Lc 12,22)

El Proyecto de Jesús para conseguir el bienestar de la humanidad se basa en la disposición y aceptación de las personas para adherirse a la ejecución de este Plan Maestro. De individuos se pasa a las familias, y de éstas, a la formación de comunidades. Todos con la misma actitud para confiar en la capacidad de la Sabiduría Divina, por encima de las ideas humanas, para que a través de aplicar sus preceptos, podamos crearnos mejores condiciones de vida.

Para poder alcanzar la Actitud Correcta Ante la Vida es necesario que la sociedad promueva los fundamentos de la Verdad Social entre todos sus integrantes. Y las ideas fundamentales que debemos meter en lo más profundo de nuestro ser y con lo cual basaremos nuestra forma de pensar, se desprenden de los principios y valores que a continuación se enlistan.

Quizá no estén todos los que deban estar, pues muchas sociedades nos llevan muchos siglos de ventaja en este sentido, pero lo que está, es suficiente para iniciarnos en la maravillosa tarea de agrupar, reconocer, universalizar y estandarizar los verdaderos principios y valores del ser humano. Herramientas con los que el hombre podrá construir sociedades ideales a través de la perfección de la verdadera democracia:

VERDAD SOCIAL.- Comprende toda revelación hecha por Dios al hombre. Con Jesús, recibimos la Verdad Social de manera personal, y después de él, contamos con el Espíritu quién es el encargado de guiarnos e inspirarnos para distinguir los caminos de la verdad y la vida y mantenernos en su curso sin desviaciones.

VERDAD EN EL UNIVERSO.- Es la realidad sobre el origen del universo, con Dios Padre como actor intelectual. Sabemos también que en alguna parte del cosmos tiene su Reino Espiritual en el cual la Verdad florece como fuente generadora de bienestar y vida.

El Dios que por milenios desconcertó al hombre con su infinito Poder e incalculable Grandeza, es posible que se transforme en nuestro Padre, guía y benefactor. De figura intimidatoria para las antiguas civilizaciones, Jesús lo ubica en el sitio correcto para que el entendimiento lo pueda concebir como el verdadero cimiento para avanzar hacia la perfección del hombre y sus sociedades.

Dios Padre es el dueño de todo lo que existe en este mundo. La verdad es que los hombres sólo podemos usar sus pertenencias durante el lapso de nuestra breve existencia. Después de esto, todo se queda y se recicla sobre la misma tierra, por lo que no hay razón para que el hombre pierda la vida tratando de acumular riquezas.

ESPÍRITU.- En atención a Jesús, Dios Padre aceptó hacer extensivo a todo ser humano el privilegio de tener al Espíritu como guía en el camino hacia la verdad y vida, y como protector ante la influencia maligna que intente hacernos el camino más difícil. El Espíritu es el lazo de unión entre Cielo y tierra.

JESÚS ES EL HIJO DE DIOS.- Aceptamos esta afirmación por el testimonio de los discípulos que vieron su Transfiguración y tuvieron la dicha de contemplar su gloria. Lo aceptamos también porque no existe alguna época en la historia en que las personas no hayan sentido su influencia positiva. Y porque cuando uno hace el firme propósito por buscarlo, en realidad lo encuentra.

JESÚS ES EL CAMINO, LA VERDAD Y LA VIDA.- Se dice esto por todos los argumentos analizados en la Primera Parte de este libro (pág. 10). Recordemos que sin la ayuda de Jesús, el hombre se enfrenta a los retos del destino con muy pocas probabilidades de superarlo. La vida es muy corta como para prepararnos adecuadamente para vencer las barreras del tiempo y el espacio.

FE.- A través de la fe el hombre es capaz de obtener certeza sobre la existencia de Dios. La fe es el camino para descubrir todo aquello que por naturaleza se encuentra oculto a los ojos del ser humano. El hombre es escéptico por naturaleza, pero a través de la fe, es posible quitarnos ese "velo" que nos impide acceder al conocimiento verdadero.

CERTEZA RELIGIOSA.- Es la dicha de quién ha podido comprobar la existencia del Señor. En esta etapa ya no hablamos de creer en Dios a través del testimonio de terceras personas. Esto se debe a que nuestra mente ha recibido, por parte de alguno de los sentidos: información de primera mano.

En esta etapa el hombre tiene la fortuna de "palpar" la existencia de lo divino, borrando dudas y permitiéndole concebir La Verdad en el Universo. Es por la certeza por lo que hablaron los profetas y por lo que la iglesia de Jesús sigue avanzando a pesar del desconcierto de los escépticos.

LO MÁS VALIOSO.- ¿De todas las cosas materiales que existen sobre la faz de la tierra qué es lo más valioso? La vida es lo más valioso que existe. Los seres vivos son los que hacen la diferencia entre un hermoso planeta y otro desolado.

Y dentro de todos los seres vivos, podemos afirmar que el hombre es el ser más valioso. Pero esto no termina aquí, existe algo más que rebasa el valor de la vida del ser humano y aunque la ciencia no ha podido detectar el lugar que ocupa en el organismo, podemos afirmar que el espíritu humano es el ente que en realidad es lo más valioso sobre la faz de la tierra.

Esta forma de pensar es fundamental al momento de dictar o corregir leyes sociales. Al momento de determinar el camino para el desarrollo de las ciencias y la tecnología; y al momento de juzgar sobre los conflictos entre los intereses personales y el bien común.

ESPÍRITU HUMANO.- Es el "recipiente" para acoger la vida eterna; el punto de encuentro entre el hombre y su Creador; el "pasaporte" a su Reino Espiritual. Es la "caja negra" en el hombre. Por la calidad del espíritu, una persona puede acoger la guía y protección del Espíritu enviado por Dios Padre y salir con vida de este mundo pues en su espíritu existen convicciones universal y eternamente vigentes que le generan vida. Aquí se hace una realidad el dicho de que: "Quién no vive para servir, no sirve para vivir eternamente".

EL HOMBRE AUTÉNTICO es el elemento base de la civilización. Es la Unidad Fundamental para el Desarrollo Social. Y algunas de sus características son las siguientes:

El Hombre Auténtico empieza a tomar forma cuando se da cuenta de que la mente en el ser humano es la responsable de la forma de actuar en cada persona. La mente controla las obras, es una convicción. Otra convicción básica se logra luego de analizar, con profundo detalle, la vida social de los humanos hasta llegar a comprender que: hacer el bien, es el único camino que nos puede garantizar una convivencia pacífica dentro de tanta diversidad en el planeta.

El Hombre Auténtico toma como regla universal del comportamiento la convicción de procurar el bien para él y sus semejantes. El análisis de la realidad humana lo ha llevado a desechar el mal como una opción de superación personal, pues a la larga, todos salimos dañados cuando alguien se vale del mal. El mal termina por destruir toda posibilidad de que las personas unan sus fuerzas para trabajar juntos por la implantación del bien común.

El Hombre Auténtico está consciente de que el mal y la mentira destruyen al hombre; a su familia y a su patrimonio. Y cuando es usada de manera masiva, la mentira destruye todo tipo de sociedad y civilidad. Es por esta razón por lo que **la mentira está catalogada como un delito federal en los Estados Unidos de Norteamérica**.

El Hombre Auténtico ha desechado la idea de levantar un falso testimonio para obtener algún tipo de bienes materiales porque ha llegado a la convicción de que **el beneficio inmediato de los particulares conlleva a la destrucción del ente social a largo plazo**. Por el mismo motivo jamás se prestará a concertar arreglos "por debajo de la mesa".

El Hombre Auténtico es de la convicción de no utilizar una "coma" para cambiar el contexto en un documento o para cambiar el espíritu o la correcta interpretación de las leyes. El hombre determina la vida y uso de las palabras, más no son las palabras las que deban determinar el curso de las relaciones humanas. **La palabra debe someterse al espíritu de la ley y nunca atentar contra él**.

El Hombre Auténtico se asemeja a un gran científico, por el hecho de que nunca acepta ningún argumento que no esté plenamente comprobado. No se deja influenciar por lo que le dicen pues sólo actúa en base a lo que personalmente indaga y tampoco se vale de las apariencias, sonrisas o coqueteos de las personas.

Juzga con imparcialidad porque los diferentes campos de su vida están bien definidos. No tiene conflictos entre su vida familiar, social o profesional, porque sus principios le permiten mantener en plenitud y armonía a todas y cada una de estas facetas.

Un hombre auténtico es aquella persona con la sabiduría suficiente como para hacer a un lado los intereses personales y enfocar su capacidad y talento en la instauración del bien común. Esto es la globalización: masificar el bien y desechar el mal que pesa sobre la espalda de la gente en todos los rincones del planeta.

TALENTO.- Es un Don proveniente de Dios Padre a fin de combatir la desigualdad en el ser humano introducida por la codicia para la perdición de la raza. Pero para que se convierta en una herramienta que pueda cimentar el desarrollo de las masas, depende de la decisión personal de cada individuo. Una decisión por servir al bien común antes que atender las ambiciones personales.

Hasta el día de hoy, la división de clases está determinada por la posición política y económica de las personas. El mundo de las influencias y los amigos son la base para estructurar los diferentes estratos sociales y es difícil para los individuos moverse de una esfera a otra. El futuro de la estratificación social estará determinado por la capacidad y el talento natural de cada individuo. Como Jesús lo indica, el talento de ciertas personas es el ingrediente base para generar beneficio social. Entre más talento tenga una persona, mayores responsabilidades es capaz de manejar.

La verdad sobre el beneficio social es que éste es generado por personas con mucha capacidad y talento, como una manera de mejorar el nivel de vida de los individuos menos diestros. Entonces, en la cima de la estructura social estarán aquellas personas con la capacidad de inundar la sociedad con un sinnúmero de artículos y productos pensados en mejorar el nivel de vida del resto de la población.

TRABAJO EN EQUIPO.- El desarrollo social se logra al unificar el talento y esfuerzo masivo de la sociedad hacia la conquista de metas y objetivos comunes. Los principios y valores auténticos son la base para que los individuos encuentren motivación hacia el trabajo en equipo. Y la Verdad Social; la verdad de los acontecimientos cotidianos y la verdad del talento natural de cada individuo, son la clave para que los hombres encuentren equilibrio dentro de las relaciones sociales.

Hasta el día de hoy, nuestra gente estudia una carrera con el propósito de tener una fuente de ingresos. Las distintas profesiones son vistas únicamente como una alternativa para conseguir un trabajo bien remunerado. El problema de esto es que cada quién trabaja por cuenta propia pues desconocemos la manera de unir el esfuerzo masivo para alcanzar objetivos de mayor envergadura.

Al pensar que cada cabeza es un mundo, cerramos la posibilidad de trabajar en equipo. Esta forma de pensar se desprende del hecho de que el mexicano se siente solo, o mejor dicho: estamos aislados del resto. Somos un gigantesco grupo de mexicanos en cuyas mentes se maneja la idea de que cada quién ha de buscar el desarrollo personal trabajando aisladamente del resto.

Carecemos de un "eje" común alrededor del cual todos podamos trabajar en armonía para el beneficio social. Y aquí precisamente es en donde debemos enfocar el Proyecto de Jesús. Este proyecto es el "eje" en torno al cual los individuos pueden "vaciar" su capacidad, trabajo y talento con miras a conquistar el bien común y sin el temor de quedarse en la ruina al llegar a la tercera edad. Porque en un Estilo de Vida sustentado por La Verdad, los beneficios se consiguen en tal abundancia que sobran después de repartirles a todos.

ORDEN Y DISCIPLINA son factores imprescindibles para el desarrollo social. No es posible construir la civilización humana en ausencia del orden y la disciplina. Sin estos elementos, los humanos nunca podremos formar equipos de trabajo. Sin equipos de trabajo no se pueden crear empresas, y sin empresas de personas creativas no se puede competir en el inmenso mercado internacional.

Si no somos capaces de organizarnos en torno a los principios y valores auténticos, nunca pasaremos de ser una sociedad maquiladora y armadora de todos los proyectos productivos que se conciben en el primer mundo. Es necesario el Proyecto

de Jesús, como centro de la vida social, si deseamos participar en el desarrollo científico y tecnológico y no quedarnos como simples maquiladores. Sólo aquellas sociedades que sean capaces de organizarse para trabajar por objetivos para el beneficio común, podrán estar a la cabeza de la investigación científica y tecnológica.

Esto es un tema que no puede pasar desapercibido por los encargados de masificar el conocimiento. En todas las escuelas es imperioso que se retomen y promuevan los hábitos del orden y la disciplina que poco a poco se han ido perdiendo debido a llevar una existencia social carente de sentido.

El proyecto de Jesús es un modelo a seguir. Un arquetipo que nos describe los fundamentos para alcanzar la plenitud de la vida y realizarnos como individuos, cabeza de familia y la manera para integrarnos armoniosamente a la vida en sociedad.

Jesús cumplió con la parte que le corresponde como comunicador de la realidad humana. Él vino a darnos testimonio de la verdad, para que al planificar nuestro desarrollo tomáramos en cuenta a: La Verdad en el universo; la verdad sobre el destino de la humanidad; la verdad sobre el propósito del hombre en este mundo; la verdad sobre nuestra capacidad y limitaciones, etc.

Jesús ya hizo lo suyo al ponernos a la verdad al alcance del entendimiento, ahora la pregunta obligada es: ¿Podremos vivir en la verdad? ¿Seremos capaces de tomar a la verdad como base para el desarrollo personal y social? ¿Qué quiere decir esto? Que si somos capaces de andar por el camino de los valores, buena actitud y convicciones que Jesús nos presenta como medio para alcanzar nuestras metas y objetivos o si vamos a vivir de acuerdo a lo que nos dice el propio entendimiento, la naturaleza humana y los instintos de sobre vivencia.

Recordemos que en este mundo, además de la verdad, se nos ha hecho coexistir con la mentira y las falsas apariencias de bienestar. Recordemos también que se nos ha dejado en libertad para que cada individuo pueda tomar una decisión sobre el rumbo que ha de darle a su camino. Esta es la manera como la gente ha venido actuando y el motivo por el cual existe mucha diversidad de pensamiento en la tierra. La libertad sin límites nos ha llevado a buscar la felicidad en todas direcciones, pero hemos alcanzado el punto en que la globalización nos exige ser más cuidadosos ya que no podemos continuar así indefinidamente.

El modelo de Jesús se basa en la aceptación y respeto sobre el talento natural de cada persona. Y que la verdad de la capacidad y talento sea el elemento fundamental para ubicarnos en el mejor lugar desde donde podamos ser útiles a la sociedad. Y en este sentido hemos de preguntarnos si seremos capaces de buscar el desarrollo personal respetando estas verdades o nos dejaremos influenciar por la ambición y codicia para conseguir lo que queremos aunque no tengamos aptitud para ello.

En este tipo de eventos, la gente opta por hacerse de influencias para conseguir lo que desea. Se hace de amigos, utiliza los sobornos y recurre a quién más puede con el fin de forzar los acontecimientos para que las cosas se resuelvan a su favor.

Y cuando esta manera de actuar se hace una costumbre, la sociedad se proyecta hacia la mediocridad, pues cuando una persona ocupa un puesto movido por el dinero y las influencias, jamás podrá dar frutos buenos pues carecen de la pasión necesaria para ello. Esta forma de actuar que aparentemente beneficia a un individuo, en realidad entorpece el desarrollo de la mayoría. Y ahora que nos enfrentamos a un mundo globalizado, la distribución del trabajo se debe dar en función del beneficio colectivo dejando de lado la ambición de los particulares. Los tiempos han cambiado y de ahora en adelante la verdad de la capacidad y talento empezará a desplazar a la corrupción y los falsos líderes a fin de hacer llegar a cada puesto a la persona que tenga mejores posibilidades de rendir frutos buenos para el beneficio de toda la sociedad.

Atrás se quedarán los tiempos de recurrir a los amigos, las influencias o el dinero para forzar la verdad de los acontecimientos en favor de unos cuantos, pasando por alto el bien común.

Recurrir a la corrupción para obtener un buen puesto es sólo un ejemplo y debemos tomar en cuenta que la gente hace cosas más graves con tal de satisfacer sus más vanos deseos. Como cuando alguien no es correspondido en el amor, es capaz de hacer pactos con el maligno con tal de atraer para sí a la persona deseada.

Hacerse de una casa, departamento u otros bienes materiales también es motivo para que la gente se corrompa y destruya la poca armonía social que pueda haber en el medio. Esto genera injusticia y proyecta al ente social hacia la pérdida de valores y la delincuencia organizada.

Entonces, es aquí en que debemos volver a replantearnos la pregunta obligada, porque ya conocemos la verdad pero: ¿Seremos capaces de aceptarla? ¿Podremos vivir en la verdad o continuaremos haciendo lo propio? Porque Jesús es el Camino hacia la felicidad del hombre pero: ¿tenemos lo necesario para seguirlo?

Hay que estar muy atentos pues aunque todos nos podemos llamar seguidores de Jesús, no a todos nos recibirá en el Reino de su Padre. A Jesús no se le puede seguir cuando nos hacemos de dos caras: una para él y otra para manejar las empresas o para escalar los distintos estratos sociales.

Lo que Jesús espera de nosotros es que comprendamos los roles que debe ocupar la gente dentro de su proyecto pues en él las personas encuentran la manera de fortalecer el espíritu al mismo tiempo que maduran su forma de actuar ante los problemas y necesidades de la sociedad.

Al aplicar correctamente el proyecto de Jesús obtenemos las respuestas para todos nuestros problemas y necesidades, por lo que para seguirlo, no hay necesidad de recurrir al mal, los abusos o la mentira, cuando se trata de conseguir las cosas que deseamos.

Y hemos de tener mucho cuidado pues cuando alguien maneja una escala de valores falsa, muchas veces piensa que está actuando bien cuando en realidad lo que hace es nocivo para sus semejantes. Si no encontramos respuesta para lo que deseamos, es probable que aún no identifiquemos las distintas funciones o tareas que la gente debe realizar como partes fundamentales del proyecto de Jesús.

Conocer los distintos roles dentro del Proyecto de Jesús, es un asunto de suma importancia para nosotros. Y uno de los momentos en que más lo necesitamos es cuando nos convertimos en padres. El hecho de convertirnos en guías de otro ser humano conlleva una alta responsabilidad pues cada nuevo ser requiere de información apropiada dentro de todas sus etapas de desarrollo.

Y dentro de estas, la adolescencia es la etapa de la vida en que el ser humano intenta fijar su interés sobre todas las cosas más sobresalientes que pueda encontrar. En esta etapa nos llama la atención descubrir los misterios del universo; descifrar los más grandes enigmas con respecto a las distintas religiones que profesan los adultos; nos llama la atención los adelantos y misterios de las ciencias; el lado oculto de las cosas; etc.

A todo padre de un adolescente es necesario hacerle las siguientes preguntas: ¿Tienes las respuestas que tu hijo necesita? ¿Qué le vas a decir cuando otra persona le hable sobre la grandeza de las religiones orientales? ¿Tienes una mejor opción para él en el caso de que se interese por las ciencias ocultas? Y si él quiere convertirse en el hombre más influyente del planeta ¿Cómo vas a reaccionar?

Tal vez no nos guste pero es la obligación de los padres crear en la mente de los hijos el modelo a seguir para triunfar en la vida. ¿Y qué modelo es el que les vamos a inculcar? Porque todos queremos que ellos triunfen y obtengan lo mejor del mundo pero ¿cuál es el mejor camino para llegar a ello?

He aquí la importancia de LA VERDAD SOCIAL pues en ella todos encontramos la manera para encausar la energía, capacidades y talentos de los hijos para que triunfen en la vida sin que en el proceso destruyan el patrimonio de terceras personas.

LA VERDAD SOCIAL nos llama a fijar metas y objetivos de manera que, en el proceso para alcanzarlas, contribuyamos también en el desarrollo de nuestra comunidad.

Hay que darles a los hijos principios para que no se pierdan y luego tengan que aprender por el lado difícil de la vida. Porque Jesús nos enseña que hay dos opciones para caminar por esta vida: el camino estrecho y el ancho.

El camino ancho es el que toma el hombre sin reflexionar en ello. Y lo transita porque aparenta ser la mejor opción de pasar desapercibidos en medio de la multitud pero al final, este camino conduce a todos hacia una vida en sociedad llena de problemas y necesidades, en donde la pobreza, corrupción, delincuencia y la injusticia social son los máximos gobernantes.

Jesús nos habla del camino angosto en el cual no pueden viajar muchos hombres a la vez pues existen piedras y muchos obstáculos que hacen el andar más lento. Pero los aparentes inconvenientes del camino se transforman en forjadores del espíritu humano.

El camino es angosto y lleno de imperfecciones porque quién lo cruza recibe atención personalizada por parte del Espíritu, en donde las características propias de cada individuo son sometidas a diversas pruebas a fin de hacer resaltar el talento personal para conducirlo hacia su máximo desarrollo y con él favorecer el éxito individual al mismo tiempo que se agrega un ingrediente de armonía para favorecer también a la convivencia social.

Toda prueba por la que se nos hace pasar cuando andamos en el camino angosto tiene por finalidad el evitar que las personas conduzcan a la multitud hacia el caos y la desorganización social.

Al final, lo que aparenta ser bueno y fácil, resulta malo y sumamente difícil pues nadie puede ser feliz en medio de tanta necesidad. Y lo que para los ojos inexpertos aparenta ser difícil resulta la mejor opción para alcanzar la plenitud de la vida.

En seguida hablaremos un poco sobre algunos de los principios más importantes de nuestra fe y que debemos inculcar en los hijos para evitarles caminar infructuosamente en la vida. Recordemos que nuestro Dios y Padre es un Ser en total perfección. De infinito poder y gran misericordia. Ama al hombre y lo llama a alimentar el espíritu para que sea capaz de recibir vida eterna.

¿Cómo usamos esto en la vida diaria? Hay mucha gente que ignora o no cree que Dios Padre sea Todopoderoso y debido a esto andan pidiendo milagros a los "poderes" del zodiaco, a los talismanes, las cartas, piedras, amuletos y demás. Unas veces recurren en busca de fortuna y otras con el fin de atraer al ser amado o algún puesto de buena paga.

Aunque se diga que es magia blanca, todos estos pactos se hacen con las fuerzas del maligno pues en realidad él es quién presta su fuerza sobrehumana para corromper al hombre. El bien no actúa de esta manera y por esto es muy importante tener bien en claro la manera de actuar del bien para que nuestros hijos no se confundan y les toque aprender por el camino difícil de verdad.

Jesús nos dice que estamos en este mundo para demostrar que podemos comportarnos con rectitud e integridad. Esto es importante pues en el Reino de los Cielos nadie se puede comportar de otra manera. Necesitamos demostrar que somos capaces de comportarnos a la misma altura para tener posibilidades de socializar en esas esferas que tienden hacia la perfección.

De aquí se desprende nuestro máximo objetivo que es conseguir vida eterna. Vivir eternamente es el verdadero reto para la raza humana y no almacenar costales de dinero. Lo que realmente vale somos los seres humanos y en valor absoluto estamos por encima de cualquier otro bien material. Por lo tanto: **la vida no está en el poseer sino en nuestra habilidad para generar bienestar social.**

El camino de Jesús se basa en la aceptación de la verdad. Y para conseguir el éxito como profesionistas, hemos de hurgar en nuestro interior para descubrir los verdaderos dones que poseemos. Identificándolos primero, y después tratando de desarrollarlos al máximo, es como Jesús nos enseña a triunfar en el terreno empresarial.

El camino hacia la verdadera realización del individuo es relativamente largo por lo que no debemos de caer en apresuramientos. Y hemos de tomar las cosas poniendo mucha atención a los detalles. Muchas veces por correr hacia el éxito no nos damos cuenta de que gran parte del éxito consiste en transitar este camino con gran entusiasmo. Así que vale más el tratar de disfrutar lo que hacemos mientras nos esforzamos por seguir caminando.

En todas las cosas: como escoger una profesión, emprender una empresa o conseguir el amor de nuestra vida, hemos de ponerlo en manos de Dios Padre. A través de Jesús, Él nos tiene preparado cosas mucho mejores que lo que nosotros mismos podríamos pedir.

El Señor sabe lo que necesitamos para ser felices, por lo tanto hemos de confiar en que si nosotros hacemos lo que podemos hacer y le dejamos a Él lo que por naturaleza no podemos realizar, entonces, al final del camino comprobaremos que a través del proyecto de Jesús se obtiene más de lo que nunca podríamos imaginarnos.

Lo importante es entender que sólo a través de Jesús se obtienen cosas verdaderamente valiosas y perdurables. Por esto es que no debemos tratar de forzar los acontecimientos y mucho menos hacer pactos con el maligno porque él si concede caprichos pero después se cobra con tu propia vida. El no te da vida eterna: ¡Te quita la poca que tengas!

Cuando nuestro hijo quiera convertirse en el hombre más importante del planeta hemos de decirle que para conseguir una meta de tan gran magnitud, debe contar con algún talento extraordinario. Ya sea que invente o descubra algo pero lo importante es que debe hacer alguna aportación para el beneficio de la humanidad. Debe contribuir para lograr hacer la vida de las personas más fácil o más placentera. La magnitud del éxito depende del tamaño de la aportación que hacemos.

Un ejemplo de esto lo tenemos con el señor Bill Gates. El se convirtió en el hombre más rico del planeta porque utilizó su capacidad y talento para desarrollar tecnología que facilita el trabajo de millones y millones de personas en el mundo. Con ella nos ha ahorrado tiempo, dinero y esfuerzo pues nos ha creado herramientas que nos permiten ser más eficientes al momento de estar realizando las tareas diarias de la vida. Entonces, cuando alguien quiera destronar a Bill Gates como la persona más rica del mundo debe desarrollar ideas de la misma magnitud que las de él y con los mismos propósitos.

Este es el futuro. Esta es la manera como las personas han de actuar a fin de ocupar los mejores lugares en la sociedad. No sabemos cuándo se generalice esta forma de actuar en nuestra sociedad pero desde ahora debemos empezar a enseñar a nuestros hijos que el éxito de las personas en el futuro se fundamenta en el desarrollo de las capacidades y talentos propios.

Hay que crearles la visión de que el verdadero éxito se consigue al utilizar las ciencias para transformar u optimizar el uso de los recursos naturales y con ello obtener artículos manufacturados que nos permitan hacer más fácil y placentera la vida de las personas. Y que el talento personal es el "detonante" que ha de situarnos en el área más propicia para ello.

El propósito de la ciencia es poner conocimiento especializado al servicio de la humanidad, esto es: utilizar la ciencia para satisfacer las necesidades del hombre creando confort para la vida y ayudándoles a resolver sus conflictos con mejores técnicas cada día. Cuando logras esto, es que estas usando bien el conocimiento, pero si sólo causas más problemas, es señal de que vas por mal camino.

Ya están pasando los tiempos en que este legado cultural se utiliza para abusar de la ignorancia del pueblo. Por décadas, gran cantidad de personas han utilizado las profesiones universitarias para sacar provecho de los problemas y necesidades de la población. Han sido tiempos difíciles pues estas personas "preparadas" utilizan la ciencia como una máquina para hacer dinero, dejando de lado el principio básico del quehacer científico. Jesús habló sobre este tema hace miles de años y para lo cual utilizó las siguientes palabras:

"El que entre ustedes quiera ser grande, deberá servir a los demás." (Mat 20,26).

Hoy podemos comprobar que su Palabra es verdad y que nunca perderá su vigencia. Si las personas a las que les habló directamente no lo comprendieron, fue porque en aquella época no conocían lo que ahora tenemos, por lo que nosotros, justo ahora contamos con los elementos suficientes para distinguir la verdadera magnitud y valía de estas palabras.

Quinta Parte

Verdad Social

CAPÍTULO XIV.- Verdad Científica, base del desarrollo científico y tecnológico.

En tiempos de Jesús las personas tuvieron mucha dificultad para mentalizar sus preceptos. Sus enseñanzas estaban muy adelantadas para la época por lo que nunca fue entendido y nosotros hasta el día de hoy, todavía nos es difícil concebir la utilidad y funcionamiento de su Proyecto como motor central de la gran dinámica de un Estilo de Vida muy superior al de aquella época y también superior al nuestro.

Para aquel entonces, la humanidad se encontraba muy lejos del inicio del quehacer científico, por lo que tampoco tuvieron la oportunidad de establecer una similitud entre sus Palabras y los procesos sistemáticos que utilizamos hoy en día.

En este sentido, podemos decir que en la actualidad tenemos una mejor oportunidad de concebir la verdadera Sabiduría que se encierra dentro del testimonio sobre La Verdad que nos dejó Jesús. El desarrollo que se ha logrado alcanzar en las ciencias y la tecnología nos puede ayudar a comprender la manera en que la verdad, seguida de manera sistemática y perseverante, nos puede retribuir una cantidad innumerable de beneficios.

Hoy sabemos que la ciencia y la tecnología son ramas del saber humano con las cuales hemos obtenido infinidad de artículos manufacturados que han hecho la vida más fácil y placentera. En el área de la salud, también hemos visto enormes avances para mitigar las penas causadas por enfermedades que antes eran consideradas como mortales. Y tal es el avance de la ciencia en esta rama que se ha podido dar mayores expectativas de vida a la comunidad internacional.

En todos los ámbitos del saber humano se han logrado avances antes nunca imaginados y todo esto ha sido posible gracias a la determinación universal de no dar un paso adelante sin antes estar cien por ciento seguros de que el conocimiento científico descansa sobre verdades comprobables. Desde que el hombre utilizó al Método Científico como base del conocimiento, se empezó a transformar nuestro mundo en un mejor lugar para la vida. El Método Científico es el procedimiento que se sigue en la ciencia para hallar la verdad y aislarla de su entorno natural. A esto se le conoce como: Verdad Científica y esta es la base sobre la cual se ha construido toda ciencia y tecnología.

"Método Científico.- Método de estudio sistemático de la naturaleza que incluye las técnicas de observación, reglas para el razonamiento y la predicción, ideas sobre la experimentación planificada y los modos de comunicar los resultados experimentales y teóricos. En el método científico la observación consiste en el estudio de un fenómeno que se produce en sus condiciones naturales. La observación debe ser cuidadosa, exhaustiva y exacta." (Biblioteca de Consulta Encarta)

Podemos afirmar que las ciencias son un enorme bloque de conocimientos construido en base a verdades y que por este motivo, su estructura es muy sólida. Todo conocimiento científico está constituido por verdades que se entrelazan unas con otras; verdades que pueden ser pequeñas y hasta diminutas, pero todas ellas muy particulares e imprescindibles para el encadenamiento y desarrollo de las ciencias.

Por este motivo podemos decir que las ciencias han alcanzado el nivel que tienen ahora gracias a esa determinación universal de guiarse sólo con la luz de la verdad. Y basándose en la Verdad Científica, el hombre ha sido capaz de abrir nuevos horizontes para que la humanidad mejore sus niveles de vida y tenga una estancia más agradable sobre la faz de la tierra.

Hace miles de años, Jesús trató de enseñarle al mundo los incontables beneficios que podemos obtener cuando tomamos a la verdad como base para el entendimiento colectivo. Aunque él no hablo específicamente sobre el desarrollo del conocimiento científico, sí nos vino a revelar que la Verdad Social es la base sobre la cual los individuos encuentran las circunstancias requeridas para que el desarrollo de otras verdades, como la Verdad Científica, se pueda obtener como una consecuencia lógica.

CAPÍTULO XV.- Verdad Social, base para la unión entre los hombres y el perfeccionamiento de la humanidad.

Indiscutiblemente que la verdad científica es una herramienta con la cual el hombre ha obtenido incontables beneficios, pero desde hace miles de años, Dios Padre decidió intervenir en nuestra historia con la intención de que a través de sus enseñanzas, descubramos otra verdad que es básica y fundamental para que sobre de ella, el ser humano sea capaz de construir una sociedad en donde la paz y justicia social sean una realidad.

Luego de que el ser humano demostrara su incapacidad por construir sociedades en las que se convivieran en armonía, paz y justicia social, Dios Padre se hizo de un pueblo para iniciar un proceso educativo con el objetivo de salvar a la humanidad ante la amenaza de la autodestrucción. Pero aún con la intervención directa de Dios, los hombres siempre encontraron una aparente buena razón para hacer a un lado el camino de verdad.

Como paso final dentro de este proceso para la perfección del ser humano, Dios Padre se vio en la necesidad de mandar a su propio hijo para que nos diera un testimonio de que con los recursos naturales que Él puso en el organismo del hombre, **el ser humano es capaz de llevar un Estilo de Vida similar al que se practica en el Reino de los Cielos, lejos de los abusos, la maldad y la mentira**. Y que gracias a estos nuevos hábitos, los hombres podremos cimentar la organización de nuestras sociedades para alcanzar su desarrollo.

Es por esto que en la cumbre de esta intervención Divina encontramos la imagen de Jesús. Él fue el elegido por Dios Padre para mostrar al mundo la otra verdad; la verdad básica que ahora podemos llamar: Verdad Social.

A través de la Verdad Social Jesús nos habla de la realidad del ser humano, de sus alcances y limitaciones. De la única posibilidad que tenemos para concebir los linderos que Dios Padre puso en el destino de la humanidad, y a través del uso de esta información, estar con mayores probabilidades para vencer esos retos.

Jesús nos pone sobre la mesa nuestras verdaderas posibilidades para triunfar en la vida como individuos y nos muestra la realidad social para que basados en estos parámetros, seamos capaces de construir un Estilo de Vida con mayor calidad humana. Con esta alternativa, la humanidad tiene la extraordinaria posibilidad de coexistir en completa armonía, pues esto equivale a llevar una existencia en total avenencia con las verdades universales estipuladas por Dios Padre.

La Verdad Social no es un estudio del hombre hecho por el hombre, sino que es una revelación de Dios Padre hacia la humanidad, a través de Jesús, el hombre: aquel, que por un periodo breve se despojó de sus finas prendas y grandes comodidades para venir a este mundo y mostrarnos la única alternativa al alcance de la humanidad para vivir en paz y armonía mientras permanecemos en este mundo, y de esta manera, nos podemos iniciar en el largo proceso para fortalecer el espíritu y tener una posibilidad real de salir con vida de este planeta.

Cuando Jesús hablaba de las bondades de la verdad, él se refería a todo tipo de verdades. Pero básicamente su testimonio nos revela los detalles de la Verdad Social, porque esto es lo más importante para el triunfo de la armonía y organización social.

Una vez encausados en medio de una sociedad organizada por los principios y valores de la Verdad Social, los individuos encuentran las condiciones propicias para desarrollar su talento en busca de otras verdades que nos ayuden a mejorar la existencia. Es aquí, dentro de un clima de paz y certidumbre social, en donde todo tipo de verdades encuentran su pleno desarrollo.

La Verdad Social describe los pasos fundamentales que se deben seguir para que las personas, familias y pueblos puedan vencer los obstáculos y pruebas del destino. **Es con la Verdad Social como los seres humanos encontrarán los verdaderos principios y valores de la humanidad, para que a través de ellos puedan unificar su esfuerzo y juntos emprender el camino hacia el bien común.**

Si hacemos una similitud entre la Verdad Social, con la tecnología de nuestros días, podemos decir que se parece a un software que se ha diseñado para facilitar una tarea usando la computadora. Por otro lado, podemos afirmar que el hombre promedio tiene capacidad intelectual, y sentido común suficiente para encontrar solución a casi todos los problemas que se le presentan dentro de su ámbito familiar, por este motivo, podemos decir que somos potencialmente aptos y hábiles como si habláramos de las características de una computadora.

El acervo cultural de la humanidad nos da la ventaja de contar con educación superior en donde se puede preparar a los individuos para poder trabajar en un área especializada del saber humano. Y como el conocimiento especializado se divide en varias ramas, podemos decir que una persona con un título profesional se asemeja a una computadora a la que se le ha instalado un determinado software. Ambos, además de sus potencialidades originales, ahora llevan en su ser todo aquello que se necesita para desempeñarse con eficiencia y prontitud dentro de un área específica del saber humano.

Y como en el mercado existen muchos softwares, para ayudarnos a desempeñar diferentes tareas, del mismo modo, existen diferentes especialidades en las universidades.

De manera que podemos decir que un doctor, durante su formación profesional, adquirió conocimiento especializado para desempeñar eficientemente su carrera. Siguiendo con el símil, podemos decir que en su cerebro ya se "instaló" el software requerido para que pueda dedicarse a ejercer la profesión de la medicina.

La especialidad o "software" instalado en la mente del doctor es diferente al que se debe instalar en otra persona que desee dedicarse a la arquitectura. Y éste es diferente al del abogado, o al "software" que se deba "instalar" en la mente de una persona que desee ejercer la carrera de físico-matemático.

Cada especialidad se diferencia y aparta de las demás, y para cada una es necesario un "software" diferente. Aunque tener una especialización nos da mayores herramientas para enfrentarnos a la vida con mejores posibilidades de conseguir una buena posición económica, esto no nos garantiza que lleguemos a alcanzar la felicidad y plenitud deseada. Los hechos de la actualidad, y los históricos, nos hablan de muchas personas con grandes preparaciones académicas que han muerto en el olvido, alejados de sus seres queridos y rechazados por el resto de la sociedad.

Hay millones de ejemplos sobre este tema, y todos conocemos de al menos una persona que después de alcanzar el éxito como profesionista, son incapaces de conservar su familia unida; de conservar a sus amistades y mantener el respeto y admiración de los integrantes de su comunidad.

Como un botón para darnos idea de la prenda, tomemos el siguiente ejemplo: en nuestro país han gobernado presidentes que ostentan una preparación académica muy vasta, y con especialidades en el extranjero de instituciones de reconocimiento mundial, más sin embargo, los ciudadanos los recordamos más por los grandes daños que causaron a nuestra sociedad, que por su aportación al impulso del desarrollo.

Entonces, debemos comprender que no es suficiente con tener títulos y especializaciones académicas para alcanzar la felicidad, plenitud y el reconocimiento social. Para esto, se requiere que nos "instalemos", en lo más profundo de nuestro ser, un "software" muy particular.

El "software" que nos instruye para la vida en sociedad: El Software de la Verdad Social. Con este componente instalado en la mente de los individuos, la sociedad humana iniciará un largo, pero recto camino hacia el desarrollo de personas, familias y pueblos, y al final, la humanidad alcanzará la perfección.

Recapitulando, y para terminar con este símil, debemos entender que no basta el conocimiento del hombre para que la humanidad deje de padecer ante los embates del destino. Es necesario dirigir nuestras acciones de acuerdo al Proyecto de Desarrollo que Jesús vino a revelarnos.

Porque no sólo de pan y tecnología vive el hombre, sino que toda Palabra que viene de Dios es vida para el hombre, en el sentido de que con ella encontramos la única posibilidad de unir nuestro esfuerzo masivo hacia la conquista del bien común.

En la Verdad Social revelada por Jesús, se ha intentado reiteradamente darnos a entender el siguiente mensaje: **por sí solo, el hombre jamás podrá llegar a construirse un ser capaz de existir en plenitud.** Son tantos los factores que afectan el estado de ánimo de las personas que es humanamente imposible asumir el control de todos ellos.

Tampoco tiene capacidad para orientar adecuadamente a todos los miembros de su familia hacia la toma de actitudes y responsabilidades que más convengan a ellos mismos y al resto de la sociedad.

El Proyecto de Jesús, no es un programa que se haya improvisado de la noche a la mañana como ocurre con la mayoría de los proyectos del ser humano. El Plan Divino es una obra que dentro del Reino de los Cielos ha servido para mantener la perfección social, por lo que su correcto funcionamiento aquí en nuestro mundo no depende de la capacidad de su diseño sino de nuestra capacidad para aplicarlo dentro de las actuales circunstancias.

Es por esto que sólo aquellos hombres que lleguen a reconocer y valorar la capacidad de la Sabiduría de Dios Padre, podrán ubicarse en el camino hacia la perfección del ser humano. Del mismo modo, sólo aquellos pueblos que igualmente lleguen a conocerlo tendrán la posibilidad de construirse una sociedad con características de vida eterna: un lugar en donde gobierne el derecho, la justicia, y esto los llenará de paz. Dicen las Sagradas Escrituras:

¡"Haz, Señor, que veamos tu bondad y danos tu salvación!
Quiero escuchar lo que dice el Señor, pues Dios habla de paz a su pueblo y a sus servidores, con tal que en su locura no recaigan.
Cerca está su salvación de los que le temen y habitará su Gloria en nuestra tierra. La Gracia y la Verdad se han encontrado, la Justicia y la Paz se han abrazado; de la tierra está brotando la verdad, y del cielo se asoma la justicia.
El Señor mismo dará la felicidad, y dará sus frutos nuestra tierra. La rectitud andará delante de él, la paz irá siguiendo sus pisadas." (Sal. 85,8)

El Reino de Dios Padre es una sociedad ideal que ha existido desde siempre. Y ha estado destellando su luz orientadora hacia la humanidad desde hace miles de años, pero nunca nos ha forzado a seguirle. Dios Padre respeta nuestra decisión de vivir en base a nuestras convicciones, y en este sentido, durante toda nuestra historia, Él ha mantenido esa luz orientadora para que cuando alcancemos el desarrollo intelectual requerido, contemos con una alternativa real para imitar su forma de organización social.

Cuando llegue el momento, los niños que tengan la dicha de vivir dentro de ese tipo de sociedades tendrán posibilidades de llegar a Ser en la vida lo que más les llame la atención, o aún mejor, llegarán a sobrepasar sus expectativas personales pues las condiciones sociales estarán dadas para que las personas se desplayen con absoluta libertad y puedan desarrollar sus capacidades físicas e intelectuales sin restricción alguna. El único límite para el desarrollo del talento natural, será la capacidad misma de la persona.

El Ser una persona triunfadora, o no llegar a serlo jamás, es una cuestión que depende de la actitud con que nos enfrentemos ante la vida y a los retos del destino. Si queremos llegar a Ser, a través de nuestra propia capacidad humana y con una escala de valores personalizada, lo más seguro es que esto no suceda jamás.

Por este motivo se dice que Jesús es la Luz del mundo, porque con sus destellos marca una línea recta hacia el progreso, bienestar y plenitud de hombres y pueblos. Es una luz que marca el camino del éxito; una luz que le da dirección y sentido de tránsito al pensamiento del ser humano, y como es universal, permite que todo hombre transite en la misma dirección: lado con lado y hombro con hombro.

La Luz del mundo es la única posibilidad de unir el pensamiento del hombre para unificar el esfuerzo masivo hacia la conquista de metas y objetivos para el beneficio común. Y ésta luz que nos orienta para alcanzar el desarrollo en las relaciones sociales es algo que Jesús nos dejó plasmado en la Verdad Social. La Verdad Social, aplicada sistemáticamente en las relaciones sociales como lo hicimos con la verdad científica en el desarrollo de las ciencias, nos dará inimaginables beneficios.

Es por esto que si nos apegamos a vivir en perfecta armonía con los principios y valores de la Verdad Social, y aceptamos con confianza que en nuestro ser se materialice la transformación que Jesús nos ha ofrecido, lo más seguro es que al final de nuestra existencia estemos viviendo algo mucho mejor de lo que nosotros mismos hubiéramos podido imaginar, porque en la realidad, sólo Dios Padre es quién hace que nosotros existamos en plenitud y en completa armonía con el resto.

Jesús nos puede transformar internamente para poder formar parte de un sistema social en donde la mayor preocupación sea el bienestar de las personas. Y dentro de una sociedad como estas, podremos vivir y disfrutar en plenitud todos los momentos de nuestras vidas, de manera que podamos sentir que realmente Somos parte de un sistema social exitoso.

Jesús salva y hace existir en plenitud a todo aquel que vive en medio de convicciones auténticas, pero para iniciar el desarrollo de una sociedad, es requisito indispensable que se reúna a un grupo de Hombres Auténticos a fin de que lleguen a formar una gran minoría. Con una minoría virtuosa se empieza a masificar un Estilo de Vida basado en la Cultura de Verdad y Vida.

Con un paso por vez, se desencadena todo un proceso que nos lleva hacia el verdadero progreso y desarrollo social. El objetivo final de este tipo de sociedades es alcanzar la perfección a través del esfuerzo conjunto. Así lo establece una Verdad Universal revelada por Jesús, en su oración por el nuevo Pueblo Santo:

"Conságralos mediante la verdad: tu palabra es verdad. Así como tú me has enviado al mundo, así yo también los envío al mundo; por ellos ofrezco el sacrificio, para que también ellos sean consagrados en la verdad.

No ruego sólo por éstos, sino también por todos aquellos que creerán en mí por su palabra. Que todos sean uno, como tú, Padre, estás en mí y yo en ti. Que ellos también sean uno en nosotros, para que el mundo crea que tú me has enviado.

Yo les he dado la Gloria que tú me diste, para que sean uno como nosotros somos uno: yo en ellos y tú en mí. **Así alcanzarán la perfección en la unidad**, y el mundo conocerá que tú me has enviado y que yo los he amado a ellos como tú me amas a mí." (Jn 17,17)

Estimado amigo, la verdad es que Dios Padre configuró el destino del hombre, y por este mismo motivo, Jesús es la persona indicada para guiarnos hacia la posición más propicia para vencer todos sus retos. Y con el proyecto de Jesús, tenemos una magnífica posibilidad de unificar la manera de pensar de la humanidad tomando a la Verdad Social como núcleo alrededor del cual el hombre pueda unir su esfuerzo masivo hacia la conquista del bien común.

La Verdad Científica ha sido capaz de unificar la forma de pensar del ser humano pues todos estamos de acuerdo en que a través de sus métodos, el mundo se seguirá llenando de una infinidad de beneficios para hacer la vida del hombre más fácil y placentera. Y del mismo modo como lo ha logrado la Verdad Científica, la humanidad camina hacia la unificación del pensamiento humano, para que en el futuro, la Verdad Social nos inunde de una infinidad de beneficios, y poco a poco, vaya quitando de nuestras espaldas muchas cargas innecesarias que nosotros mismos nos hemos construido a causa de la falsa visión de lo que es el bienestar colectivo.

Por estos motivos debemos de hacernos de la convicción de que la Verdad Social tiene el mismo potencial que la Verdad Científica para unificar el pensamiento del ser humano, y de esta manera, podamos canalizar nuestro esfuerzo masivo en adquirir un sinnúmero de beneficios.

Lo importante es estandarizar nuestra forma de pensar para que la energía física de que disponemos la podamos encausar hacia la búsqueda y conquista del bien común.

Insisto: la Verdad Científica es parte fundamental para el desarrollo del hombre y sus sociedades, pero debemos entender que no lo es todo para llenar al mundo de paz y justicia social.

La Verdad Científica sólo nos enriquece con artículos e instrumentos para disfrutar de la vida, pero esto no es nada si consideramos que: **con la Verdad Social logramos alcanzar la verdadera sabiduría, entendida ésta como la facultad de las personas para ubicarse en este mundo de manera correcta: tomando a las verdades humanas como plataforma para el desarrollo de las sociedades y considerando nuestra relación y dependencia con las verdades universales para que los planes y proyectos del ser humano, a favor del bien común, puedan llegar a feliz término.**

A diferencia de lo que todo individuo subdesarrollado espera, que el gobierno venga con su varita mágica a remediarle todos sus problemas y necesidades, será la gente sencilla, que por sus circunstancias y la determinación de no mezclarse en asuntos turbios, podrán convertirse en Hombres Auténticos, mismos que desde abajo empezarán a construir un nuevo orden para las cosas, y al final, terminarán por instaurar en su comunidad a un gobierno digno de la Gracia Divina. Dice la Verdad Social:

"Yo te alabo, Padre, Señor del Cielo y de la tierra, porque has mantenido ocultas estas cosas a los sabios y entendidos y las has revelado a la gente sencilla. Sí, Padre, pues así fue de tu agrado.

Mi Padre ha puesto todas las cosas en mis manos. Nadie conoce al Hijo sino el Padre, y nadie conoce al Padre sino el Hijo y aquellos a quienes el Hijo se lo quiera dar a conocer.

Vengan a mí los que van cansados, llevando pesadas cargas, y yo los aliviaré. Carguen con mi yugo y aprendan de mí, que soy paciente y humilde de corazón, y sus almas encontrarán descanso. Pues mi yugo es suave y mi carga liviana." (Mt 11, 25)

Jesús nos llama, a los humildes de corazón que somos muchos, a utilizar las verdades del mundo y en el universo, como una herramienta para construir un Estilo de Vida que en términos humanos sería la perfección de la democracia. Y le llamaremos perfección pues esto equivaldría a conectar la voluntad humana de gobernarnos apegados a las verdades de nuestro mundo, y siguiendo el Proyecto de Jesús, nos acoplaremos suavemente a la Verdad en el Universo en donde la Voluntad de Dios Padre rige su destino. Aunque la democracia deposita el poder político a la voluntad humana, su perfección se alcanzará cuando esta voluntad efímera comulgue con la voluntad Eterna.

CAPÍTULO XVI.- Jesús murió en la cruz para evitar que la humanidad continuara cayendo de manera sistemática dentro del pecado.

Se dice que Jesús murió en la cruz para sanar los pecados del mundo, pero considero que este asunto tampoco se ha entendido del todo bien y por la importancia que representa, me voy a permitir hacer algunas reflexiones.

Estoy de acuerdo en que Jesús es el Cordero que Dios Padre tuvo que sacrificar como última etapa de su intervención directa en nuestra historia para que el mundo encontrara el camino hacia la perfección. Jesús fue enviado al mundo, con los mismos recursos físicos e intelectuales de la mayoría de los hombres, para darnos un testimonio de que nuestra existencia puede ser llevada con un Estilo de Vida Similar al que se practica en el Reino de los Cielos, y de esta manera, evitar la autodestrucción.

Con lo que no estoy de acuerdo, por no encontrarle sentido ni lógica alguna, es con la idea de que al morir Jesús, nosotros estamos libres de pecado. Para mí esto es una imprecisión sin sentido auténtico que se aparta del espíritu de otras enseñanzas expuestas por el mismo Jesús.

Si todos íbamos a ser salvados automáticamente con la muerte de Jesús, entonces ¿para qué decirnos que sólo aquellos que respetan la Voluntad de su Padre son considerados como integrantes de su familia? ¿Por qué nos habla de que al final de los tiempos se separarán a los hijos de Dios como se separa al trigo de la hierba mala y a las ovejas de los cabritos?

La idea de la salvación masiva y automática me parece una imprecisión que promueve entre los creyentes una actitud pasiva ante la vida. Es muy cómodo pensar: ¿para qué esforzarse en construir el Reino de Dios sobre la tierra si la Sangre de Jesús ya fue derramada para asegurar mi pase a la vida eterna? ¿Qué caso tiene encausarse en la larga tarea de perfeccionar mi espíritu si el amor y la misericordia de Dios Padre son tan grandes que de todos modos voy a llegar al Reino de los Cielos?

Pensar que Jesús ya pagó por los pecados que yo voy a cometer en el futuro ha llevado a mucha gente a crear relaciones falsas con nuestro Creador. Un ejemplo de esto es la leyenda que alguien puso en la parte trasera de su auto y que dice: "Señor soy pecador, pero... ¡soy tu hijo!" ¿Es posible que el verdadero hijo del Creador sea un pecador? ¡Definitivamente que no! Nuestro Padre es el Dios de la verdad y la vida. Él es el máximo exponente del amor, la paz y la justicia. Es la luz que lo ilumina todo, y por lo tanto, podemos decir que Él es todo lo blanco, a diferencia de lo negro que representa al mal. Nadie que no esté perfectamente blanco puede entrar en el Reino de Dios, y de la misma manera, nadie puede ingresar al fondo del abismo con un espíritu "manchado" de blanco.

En este mundo a veces caminamos por la vida con un espíritu en blanco y negro similar a la piel de las vacas. Las manchas blancas nos permiten hacer buenas obras de vez en cuando, y las negras, evitan que sintamos remordimientos cuando actuamos mal.

Mientras nos mantenemos transitando entre el bien y el mal, no le somos útiles a ninguno de los dos bandos. Pero cuando nos llenamos de la convicción por seguir hacia un extremo determinado, poco a poco se nos exige que nuestra conducta, y las obras que realicemos, demuestren a los demás hacia qué lado nos dirigimos.

Por estos motivos podemos afirmar que Dios Padre no puede otorgar sus favores cuando un individuo camina en dirección opuesta a Él. Porque la Verdad sólo actúa en todo aquel que vive en autenticidad. De manera que el pensar que somos hijos de Dios, cuando como pecadores caminamos hacia el extremo opuesto, es una afirmación aparentemente verdadera pero falsa en realidad. No existe una persona que sea considerada como hijo de Dios, que sea conscientemente pecadora. Y porque el pecado había gobernado sobre la faz del planeta, fue por eso que Jesús bajo al mundo. Él vino a enseñarnos, a nosotros pecadores, la manera en que todos podemos evitar el pecado, y de esta manera, fuera del pecado, poder tener la posibilidad de convertirnos en hijos de su Padre.

Cualquiera puede convertirse en hijo del Señor gracias a la Nueva Alianza que Jesús consiguió para nosotros ante su Divino Padre, pero sólo se logra esto cuando hayamos avanzado lo suficiente en ese largo camino hacia la perfección del espíritu. Entonces, en nuestro ser estará instalada la convicción de que el pecado nos aleja de Dios Padre, y por lo grave del asunto, estaremos dispuestos a hacer cualquier cosa para evitarlo.

Debemos tratar de entender la verdadera relación con respecto del Señor. Hay que tener bien claro en nuestra mente que el ser humano es una creación de Dios. No somos hijos de Dios por el hecho de que fuimos creados a través de sus manos. Por este hecho somos apenas una creación más. Y que si Él es el Padre de la humanidad es porque Jesús consiguió para nosotros una Nueva y Eterna Alianza entre Dios y el hombre.

Esta Alianza que ahora la podemos entender como un acuerdo que Jesús nos consiguió, en el cual se estipula que todo ser humano puede alcanzar la vida eterna, y ser aceptado como miembro de la Familia del Creador, siempre y cuando, cada uno de nosotros seamos capaces de someternos al proceso para el perfeccionamiento de nuestro espíritu bajo el Proyecto de Jesús.

Es verdad que Jesús entregó su vida a cambio de una muchedumbre, pero lo que él hizo fue solamente revelarnos las etapas de su proyecto. A nosotros nos toca esforzarnos para poder transitar correctamente por este sendero de vida.

Jesús vino a demostrar que todo ser humano es capaz de traspasar la barrera de la muerte y salir vivo de este mundo. Él lo hizo y nosotros también lo podemos lograr, pero para ello, requerimos de prestar mucha atención a sus enseñanzas y llevarlas a la práctica durante la vida diaria.

Haciendo un símil de este asunto quisiera pensar que Jesús nos haya dejado las instrucciones requeridas para que la humanidad pudiera construir el automóvil, y de esta manera, ahorrarnos muchas penas y sacrificios. El hecho de que tuviéramos los planos e indicaciones detalladas para construir un vehículo, no quiere decir que estos documentos físicamente nos iban a trasladar de un lugar a otro. Para alcanzar este objetivo, tendríamos que haber estudiado los planos y seguir paso a paso las indicaciones para ir construyendo cada parte del vehículo, y montar cada una de ellas en el lugar preciso, de manera que al final, todo funcionara armónicamente con el resto. Sólo al conseguir que el auto funcione, es cuando podríamos utilizar el automóvil como un medio de transporte.

Lo mismo ocurre con el Proyecto de Jesús, hay que analizar estas instrucciones y llevarlas a la práctica en la vida diaria de manera correcta, para que al final, con las obras conseguidas a través de la aplicación de sus consejos, podamos construir un Estilo de Vida superior al que hemos recibido y estar en condiciones optimas para que el espíritu pueda traspasar las barreras del tiempo y el espacio e iniciar otra nueva etapa de vida espiritual al lado del Padre eterno.

Si todo lo que se ha dicho anteriormente ha sido suficiente para que la mente pueda concebir el verdadero objetivo de la venida de Jesús, ahora resulta imprescindible el hecho de conocer al pecado de manera transparente. Porque muchas veces, el pecado puede ser algo más de lo que estamos acostumbrados. Consideremos que todo ser humano entra en pecado cuando:

a).- Con sus actos, obras o decisiones obstruye los Planes Divinos porque la humanidad entera se salve sin distinción alguna.

b).- Cuando impone sus ideas personales por mejorar el mundo y nuestras relaciones sociales, basado exclusivamente en el conocimiento humano y haciendo a un lado las enseñanzas que Jesús nos vino a mostrar con tanto sacrificio.

c).- Cuando con sus palabras, decisiones y actos, evita que el bien común se establezca en la sociedad.

d).- Cuando su ambición por el poder, la fama y el dinero le llevan a tomar decisiones para monopolizar procesos de producción, ventas o elaboración de manufacturas, con el propósito de subordinar el bienestar general, al beneficio particular.

e).- Cuando haciendo caso omiso a las enseñanzas de Jesús, utiliza su criterio personal, conjuntamente con todos sus cercanos colaboradores, para asignar puestos y funciones, tratando de esta manera resolver sus necesidades y anhelos de grupo, en contraposición al desarrollo integral de su comunidad.

f).- Cuando pensamos que somos superiores a los demás y que, por lo tanto, debemos destacar de entre la multitud, ya sea con costosas prendas, súper autos o inmensas mansiones. Debemos entender que el progreso de las sociedades, a través del proyecto de Jesús, llegará a niveles de gran lujo y excelente confort, cosa nunca imaginados por el hombre, pero siempre, este desarrollo deberá ser de manera abierta para todos los ciudadanos, de manera que en un mismo momento no convivan los inmensamente ricos con los que sufren la pobreza extrema.

Realmente todos entramos en pecado cuando con plena conciencia de ello, vivimos fuera de la realidad o la verdad del ser humano. Cuando planificamos la existencia, y las vidas de nuestros seres queridos, sin tomar en cuenta los principios y valores de la Verdad Social, que Jesús, con tantos sacrificios y sufrimiento nos vino a enseñar. Él mismo nos advierte cuando dijo:

"Si yo no hubiera venido ni les hubiera hablado, no tendrían pecado. Pero ahora su pecado no tiene disculpa." (Jn 15,22)

CAPÍTULO XVII.- La Autoridad Divina y la humana.

La Autoridad Divina y la humana son dos cuestiones con diferencias tan grandes como el día y la noche, y con objetivos tan opuestos como los del bien y el mal. Sin embargo, hay algunas cuestiones dentro de la Autoridad Divina que no se han interpretado correctamente por lo que ambos asuntos aparentan entrelazarse como partes de una misma verdad universal, pero todo ello es sólo apariencia, producto de nuestra mala interpretación en las palabras de Jesús.

Me resulta muy triste y doloroso saber que nuestros propios líderes religiosos aceptan un estado de cosas en donde la autoridad humana encuentra su razón de ser dentro de las mismas enseñanzas de Jesús. Dicen las Sagradas Escrituras:

Querían pillar a Jesús en algo que dijera. Con ese fin le enviaron algunos fariseos junto con partidarios de Herodes. Y dijeron a Jesús: "Maestro, sabemos que eres sincero y que no te inquietas por los que te escuchan, sino que enseñas con franqueza el camino de Dios. Dinos, ¿es contrario a la Ley pagar el impuesto al Cesar? ¿Tenemos que pagarlo o no?"

Pero Jesús vio su hipocresía y les dijo: "¿Por qué me ponen trampas? Tráiganme una moneda, que yo la vea." Le mostraron un denario, y Jesús les preguntó: "¿De quién es esta cara y lo que está escrito?" Ellos le respondieron: "Del César." Entonces Jesús les dijo: "Devuelvan al César las cosas del César, y a Dios lo que corresponde a Dios." Jesús los dejó muy sorprendidos. (Mc 12,13)

Y seguimos sorprendidos pues aún no hemos sido capaces de diferenciar aquellas cosas que son gratas a los ojos de Dios Padre. El Señor nunca estará interesado porque la humanidad atesore riquezas materiales. En este sentido, Él es el Ser más acaudalado del universo pues su riqueza es tan infinita como infinita es la misma creación. Por este motivo sería absurdo pensar que Dios Padre nos espera con las manos llenas de riquezas mundanas, recordemos que la vida no está en el poseer.

Lo que verdaderamente espera el Señor de nosotros, es que seamos capaces de acercarnos a su Divina presencia. Y la única manera de lograr esto, es a través de que en este mundo podamos forjarnos un espíritu capaz de vencer a la muerte; Un espíritu fortalecido con los verdaderos valores del ser humano; Un espíritu adiestrado en el uso de la verdad y con lo cual seremos capaces de diferenciar lo bueno de lo malo; Un espíritu auténtico; con verdaderos deseos de vivir, amar y servir por toda la eternidad.

Entonces, Jesús nos pide establecer nuestras prioridades de manera que poco a poco vayamos siendo capaces de apartar nuestro interés de todas aquellas cosas por las que la gente, sin principios ni valores auténticos, andan buscando insistentemente sin importar los medios que tengan que utilizar para lograr conseguirlas.

De manera que debemos replantear la explicación que hemos recibido sobre este pasaje en la vida de Jesús. Lo que él verdaderamente quiso enseñarnos con este incidente, va en este sentido:

¡Denle al César, lo que el César es capaz de tomar por la fuerza de las armas, pero trabajen por el Reino de Dios, para que en el futuro no tengamos más "Césares" obstruyendo el desarrollo de la humanidad!

El César fue un personaje de nuestra historia que en su momento tuvo poder sobre otras naciones, al grado de formar un imperio, pero como todos los planes y proyectos humanos, todo tiene un principio triunfante, del tamaño de nuestra capacidad, pero al final... la destrucción es inevitable.

Jesús nunca somete a Dios por debajo de la autoridad de ningún hombre y mucho menos del César, quién impulsó una forma de gobierno que atenta contra la igualdad del ser humano y en contra del esplendor de la verdad y la vida. Tampoco los coloca como dos contrarios indispensables para el éxito de la vida en la tierra.

Pensar que la autoridad del hombre es necesaria dentro del sistema de cosas propuesto en el Proyecto de Jesús, es vivir fuera de la verdad. Dios Padre decidió intervenir en este mundo al darse cuenta de que a través de nuestras formas de organización, jamás podríamos vivir en paz y armonía social.

Él decidió intervenir en el mundo para que poco a poco nos fuera revelando una forma de gobierno superior a todo lo que nosotros hemos practicado y con la cual podremos vencer al destino. Jesús sabía que el poder del César era algo circunstancial y transitorio. Y que si para algunos era un poder incuestionable, la Verdad Social nos indica que el hombre no puede vivir eternamente bajo los mandatos y caprichos de otro hombre, porque entre iguales, jamás se dará un dominio absoluto.

Entonces: ¿qué fue lo que hizo Jesús? Lo que realmente hizo Jesús al pronunciar estas palabras fue separar a la Iglesia seguidora de Dios Padre del Estado erigido en base a ideas, principios y objetivos humanos. Jesús separa la Iglesia de Dios Padre del influjo de los hombres, pues el hombre ya había demostrado no saber gobernar el mundo.

La Iglesia fue separada del Estado para que llegado el momento se pudiera auto gobernar, instaurando en el mundo un Estado inspirado en el Estilo de Vida que se practica en el Reino de los Cielos.

Jesús marca una rotunda diferencia entre la autoridad que conoce el mundo y el tipo de Autoridad que se ejerce en el Reino de los Cielos. Él acepta "morir" en manos del gobierno del hombre, pero en su proceder, deja la semilla para exterminarlo de la faz de la tierra. El proceder de Jesús fue perfecto pues nunca quebranto ley humana, aún cuando este tipo de gobierno era antihumano. Jesús respetó la autoridad del César, porque el César estaba respaldado por la voluntad humana, que aunque no sabía lo que hacía, lo conservaba en el poder para tener bajo control ese orden de cosas impuestas por aquel imperio.

Jesús nunca actuó con soberbia o arbitrariedad. Siempre respetó la voluntad humana pues el Reino de la Verdad y la Vida se construyen a partir del consentimiento individual de las personas. El Reino de Dios jamás se impondrá en la tierra a través de su infinito Poder. Tampoco se establecerá con la ayuda de las armas. Y ni siquiera por medio de la imposición del bien sobre el mal.

El gobierno que se establecerá en el mundo, como una copia del gobierno Divino, estará respaldado por la voluntad del Hombre Auténtico, de otro modo, no funcionaría. Será nuestra voluntad y la confianza que depositemos en Dios Padre, los elementos imprescindibles para que Jesús venga a reinar entre nosotros y se termine: el reinado del hombre... sobre los hombres.

Todo esto será posible en la misma media en que seamos capaces de interpretar correctamente las enseñanzas que nos han dejado sobre la Verdad Social. Porque **la Verdad**

Social es el instrumento a través del cual la humanidad hará la transición de formas de gobierno, pasando del gobierno autoritario, improvisado y sombrío del hombre, al feliz gobierno de verdad y vida.

En la Biblia hay varios pasajes que nos llaman a obedecer a las autoridades, pero debemos estar muy atentos porque se refieren a solidarizarnos con aquellas autoridades temerosas de Dios. Aquellos que dentro de sus limitaciones intelectuales tratan de cumplir, y hacer cumplir, los Planes y Proyectos del Señor.

Nunca hallaremos un pasaje que promueva el sometimiento de un hombre hacia la autoridad arbitraria de otro, o de una raza sobre las demás. San Pablo nos da un claro ejemplo de que los hijos de Dios no pueden ser gobernados por una autoridad humana, cuando este tipo de autoridad se basa en criterios humanos para dirigir y organizar nuestras sociedades. Al respecto dice San Pablo en su primera carta a los Corintios:

"Cuando alguien de ustedes tiene un conflicto con otro hermano, ¿cómo se atreve a ir ante jueces paganos en vez de someter el caso a miembros de la Iglesia? ¿No saben que un día nosotros, los santos, juzgaremos al mundo? Y si a ustedes les corresponde juzgar al mundo, ¿serán incapaces de juzgar asuntos tan pequeños?" (1 Cor 6,1)

San Pablo hizo una muy buena interpretación del mensaje de Jesús, pues supo que con el correr del tiempo, los santos, instruidos a través del Proyecto de Jesús tendrían la visión y capacidad para juzgar eficientemente los asuntos humanos, dejando en el pasado los errores del gobierno humano. Por lo tanto: ¿quién mal interpretó las palabras de Jesús, al grado de afirmar que Jesús separó eternamente la Iglesia del Estado?

Obviamente el error se cometió después de la muerte de San Pablo, pues él era de la convicción de que Iglesia y Estado son dos instituciones humanas que han de coexistir en armonía para bien del desarrollo social de la humanidad y, por esta razón, nos llama a respetarle.

Cuando las personas que conforman la autoridad pública, llevan consigo la convicción de servir para alcanzar el bien común, y encausados por la firme determinación de que en la sociedad a su cargo se materialice el Método Divino, es entonces cuando los ciudadanos estamos obligados a obedecer y apoyar en todo lo posible a las autoridades.

En este orden de cosas, la autoridad del gobierno y la obediencia de los particulares, adquieren su verdadero sentido. Y su razón de ser, impulsa y coordina la acción conjunta de toda la sociedad hacia la conquista de metas e intereses comunes.

La mala interpretación en las palabras de Jesús, ha llevado a mucha gente a la errónea idea de pensar que los asuntos de la religión no deben mezclarse con los de la política. Pensar que el gobierno del ser humano está a la misma "altura" del Reino de Dios; o que Dios Padre no tiene capacidad intelectual suficiente para organizar y dirigir la vida del hombre, es vivir fuera de la verdad.

Hoy en día la sociedad se escandaliza demasiado al repasar los abusos y excesos que el clero ha cometido en el pasado, como por ejemplo: las masacres que se suscitaron por los eventos de las Cruzadas y la Santa Inquisición; los excesos en riqueza y poder de sus dirigentes; la falta de moral para llevar una vida verdaderamente ejemplar, etc.

Todo esto que en realidad es reprobable, es sólo una parte que nos revela la incapacidad del ser humano por comprender la alternativa que Dios Padre ha tratado de enseñarnos. Y no es cuestión de que la religión incite a los hombres a comportarse como animales, porque también los hombres que están en la política y en el gobierno, han hecho cosas tan bajas o peores que los primeros. Lo que lleva a los hombres a adoptar este tipo de conductas no es la religión ni la política, sino el hecho de llegar a ocupar un puesto que conlleva la conducción del poder y dinero, con un espíritu sin convicciones auténticas.

Repito, no son los puestos o la doctrina lo que ha fallado, son las personas que han sobrepuesto su interés personal por encima del interés común y han dictado normas improvisadas pues el Proyecto de Jesús no se ha entendido de manera global.

Afortunadamente, en el mundo se ha aprendido de este tipo de errores. En los Estados Unidos de América, la relación entre la religión y la política ha alcanzado un grado de desarrollo muy particular, por lo que es altamente recomendable analizar su situación actual para tener un punto de vista diferente al nuestro. (Y hay que poner atención porque si allá existe la libertad de creencia religiosa es con el fin de no limitar a ningún hombre a que adore al único Dios Verdadero: Dios Padre.

La libertad religiosa permite a los particulares adorar a Dios Padre desde la religión mayoritaria que es la católica o desde alguna otra Iglesia Cristiana, pero nunca, nunca se utiliza esta libertad de credos para adorar al espíritu de las tinieblas con el consentimiento del Estado. Esto es lo más estúpido que han hecho nuestras autoridades en México.)

Durante una entrevista que la Sociedad y valores estadounidenses le realizó a Kenneth D. Wald, profesor de ciencias políticas de la Universidad de la Florida, en Gainsville, y autor del libro, Religion and Politics in the United States, se analiza este fenómeno. A continuación permítame presentar parte de esta entrevista:

Pregunta: Se cree que la prohibición constitucional ha erigido un muro de separación entre la iglesia y el estado. ¿Esto significa que no puede haber relación entre la religión y la política?

Wald: De ninguna manera. La Constitución ciertamente establece en forma clara un Estado secular o un gobierno secular, pero al hacerlo no hubo la intención de impedir que la religión tuviera influencia sobre la sociedad en general y la política específicamente. En ese entonces circulaban ideas religiosas que tuvieron una fuerte influencia en la Constitución misma y en la naturaleza del sistema político que se creó.

Los valores religiosos han tenido una influencia poderosa en una variedad de movimientos, entre ellos el que buscaba la abolición de la esclavitud y el que promovió los derechos civiles. Y las instituciones religiosas siguen siendo lugares importantes donde la gente aprende normas cívicas. De manera que no se intentó, y realmente habría sido imposible, eliminar la religión de la arena política. Todo lo que la Constitución se proponía era declarar que el Estado, como gobierno, no adopta una posición oficial con respecto a interrogantes religiosos o a cuestiones religiosas.

P: Usted dice en su libro que la cláusula decisiva de la Constitución habla de "estar libre de que se le prohíba" no de "tener la libertad de".

Wald: Exactamente. El aspecto interesante de la separación de la iglesia y el estado en Estados Unidos es que realmente fue inspirada por dos movimientos políticos diferentes.

Los fundadores de la nación norteamericana, especialmente personas como [James] Madison y [Thomas] Jefferson, obraban en gran medida bajo la influencia del pensamiento del siglo de las luces francés y adoptaron la posición de que si se daba poder estatal a la religión, el resultado sería un mal gobierno.

La misma hostilidad que tuviera la gente hacia otras religiones se convertiría en hostilidad política y todo el sistema estaría en peligro de sucumbir. Por otra parte, había otro movimiento, que yo denomino separacionismo protestante, que contaba con el apoyo de grupos como los metodistas y los bautistas. Este creía que facultar a la religión con poderes estatales resultaría en una mala religión; daría aprobación estatal a religiones que podrían ser equivocadas o limitaría la libertad religiosa de otros estadounidenses. De manera que en el espíritu de la Constitución funciona una especie de calle de dos direcciones, es decir, el criterio de que tanto la religión como el gobierno corren mejor suerte si florece independientemente el uno del otro.

Hay quienes presumen, creo yo, que la Constitución adopta una posición contraria a la religión y que eso es lo que significa la separación de la iglesia y el estado. Creo que es todo lo contrario. Creo que la separación fue ideada para fortalecer la religión, siempre y cuando ésta se concentre en una esfera apropiada.

P: Anteriormente se refirió a las raíces religiosas de la Constitución. En su libro expone su teoría de "la depravación inherente" en relación con la teología puritana. Según lo entiendo, se trata de que el hombre sea inherentemente pecador y depravado y básicamente no se puede confiar en la humanidad. Por extensión, entonces, no se puede confiar en ninguna rama del gobierno, es preciso tener frenos y equilibrios. ¿Es así?

Wald: Si. Uno lo podría llamar incluso el pecado original, si le parece. Es un factor poderoso que ocupaba la mente de casi todos los que asistieron a la Convención Constitucional. Jefferson creía que no debíamos dejar nada a la virtud humana que pudiera ser previsto por algún mecanismo constitucional.

El razonamiento era este: bien sea que el poder se invista en un sólo individuo, como un monarca, o en un cuerpo elegido por el pueblo, como el congreso, la naturaleza humana es tal que siempre abusaremos del poder que se nos otorgue, trataremos de acaparar todo el poder que sea posible y no siempre prestaremos atención a las necesidades de otros, especialmente de los menos poderosos.

Por tanto, la solución era, a los ojos de los fundadores de la nación norteamericana, no un reino divino, que tiene el mismo problema, sino la creación de un gobierno con tantas protecciones complementarias para la libertad que resultara muy difícil para cualquiera abusar del poder. (La entrevista completa se puede consultar en: Sociedad y valores estadounidenses Publicación Electrónica de USIS, Vol. 2, No. 1, marzo de 1997)
http://usinfo.state.gov./journals/itsv/0397/ijss/tablcon.htm

CAPÍTULO XVIII.- El verdadero sentido de la vida.

Dios Padre nos proveyó con todos los recursos naturales suficientes para que la vida en el planeta se desarrollara sin contratiempos y además, poco a poco nos iría indicando el camino más corto hacia la conquista de nuestras metas a mediano y largo plazo. Todo esto hubiera sido una realidad si tan sólo pudiéramos demostrar algo de amor y responsabilidad por todo tipo de vida que existe sobre el planeta que se puso en nuestras manos.

Pero las cosas no se han hecho según los proyectos Divinos, sino que la mayoría de los asuntos generalmente se han resuelto de acuerdo a la voluntad y necesidades de los individuos. Es por esta razón que padecemos innecesariamente. Si desde el principio hubiéramos demostrado fraternidad para con los de nuestra propia especie, otras serían las condiciones del planeta y otras serían las circunstancias sociales en las que ahora viviríamos.

Los vicios, codicias y envidias nos han complicado la existencia, al grado de que en muchas sociedades del mundo, la gente lleva una vida totalmente fuera de la realidad. La gente ya no vive para tratar de resolver los retos del destino que Dios Padre nos puso para que a través de estas experiencias podamos mejorar nuestro espíritu y con él poder salir con vida de este mundo.

Ahora, la gente está más preocupada en encontrar la forma de poder sobrevivir a las condiciones que el ser humano ha impuesto sobre la misma sociedad como condición para ocupar un lugar en los diferentes estratos sociales.

Las cargas que los distintos requerimientos sociales han puesto sobre las espaldas son inhumanas y muchas de las veces totalmente innecesarias. Por haber perdido el verdadero sentido de la vida, ahora pasan cosas increíbles, por ejemplo:

a).- A un individuo que se le paga un salario para velar por nuestros bienes, resulta que este tipo, se roba lo poco o mucho que tenemos. Por este motivo podemos afirmar que no tiene sentido pagar a alguien para que cuide de nuestro patrimonio, y al final, lo que hace es robarse el objeto producto de su contratación.

b).- Carece totalmente de sentido contratar los servicios "profesionales" de una persona para que atienda nuestros asuntos de acuerdo a los adelantos científicos más avanzados en el momento, y que en lugar de esto, uno reciba mentiras y acosos con el fin de ubicarnos mentalmente en la peor de las condiciones posibles y abusando de nuestra ignorancia en esta área, literalmente nos roba lo poco que tratamos de cuidar. **No tiene sentido cursar muchos semestres en las universidades para terminar haciendo lo que por naturaleza humana realiza cualquier delincuente común.**

d).- Es necesario delegar en las personas la dirección de un pueblo. Esta tarea, por la que se paga un buen salario, debe servir al bien común y no a intereses particulares, pues lo contrario, carece de sentido. No tiene sentido que el pueblo pague altos salarios a sus funcionarios y a cambio de esto se reciban malas decisiones y pésimas acciones que destruyen el patrimonio de la sociedad y promueven la creación de monopolios y grupos de poder. Esto no es parte de la verdadera democracia.

e).- No tiene sentido que los jueces no puedan meter a la cárcel a un individuo que no pudo consumàr su delito, cuando la víctima y las evidencias científicas, le están relatando la verdad de los hechos y las obscuras intenciones del delincuente. No tiene sentido dejar que nos hagan daño para poder intervenir en consecuencia.

Nada de esto tiene sentido dentro de la vida civilizada del ser humano, y mucho menos, para una nación que pretenda mejorar los niveles de vida de los países que ahora conocemos como del primer mundo. Las condiciones actuales empeoran a medida que se incrementa la población, pues llevamos una vida en sociedad carente de sentido. Por esta razón hace falta analizar el orden de las cosas desde otra perspectiva, y la mejor de ellas, es la que Dios Padre nos ofrece a través del Proyecto de Jesús.

Por su importancia, me voy a permitir transcribir el significado que nos da el diccionario sobre algunas acepciones de la palabra "Sentido":

"4. Entendimiento o razón, en cuanto discierne las cosas. / 5. Modo particular de entender algo, o juicio que se hace de ello. / 6. Inteligencia o conocimiento con que se ejecutan algunas cosas. Leer con sentido. 7. Razón de ser, finalidad. Su conducta carecía de sentido." (Biblioteca de Consulta Encarta)

Se dice que cada cabeza es un mundo y esta afirmación refleja la definición de "sentido" en su acepción número 5 (Modo particular de entender algo, o juicio que se hace de ello) Esta afirmación es verdadera por el hecho de que cada ser humano es capaz de crear un mundo muy particular en el interior de su cabeza, pero... ¿qué beneficio podemos obtener, como sociedad, de un mundo real interpretado por miles de millones de formas diferentes?

De esta manera, más que beneficio, lo que obtenemos es una interminable variedad de puntos de vista que nos arrojan hacia el caos y la confusión total. Lo importante no es ser capaz de dar una interpretación personalizada de la realidad, **lo verdaderamente importante es ser capaz de comprender la realidad de nuestros mundos: material, social y espiritual, de manera que exista correspondencia entre los conceptos que se forma uno en la mente y las cosas en la realidad**. Esto es lo que se requiere para entender la verdadera finalidad y el origen de las cosas. Y lo que nos permitirá expresar y dialogar con el resto de los pueblos sobre la tierra, con argumentos universales.

Perseverando sobre este tipo de objetivos, llegará el momento en que nuestros poetas, artistas y escritores sorprenderán al mundo con sus trabajos en donde se expongan magistralmente los grandes desafíos y anhelos de la humanidad. Entonces, exponiendo con lujo de detalle los más relevantes conflictos de nuestra vida en sociedad, podremos aportar al desarrollo de la humanidad una visión más acertada para que todo ser humano pueda resolver los conflictos de manera que la gente salga lo menos dañada posible y obtenga el mayor de los beneficios.

Llegado ese momento, los demás pueblos de la tierra dejarán de considerarnos como personas con capacidades intelectuales limitadas en donde nuestro talento sólo es usado para hacer chistes de nuestras penas y alegrías. Y dejarán de pensar que nuestra vida en sociedad es un asunto que resolvemos de acuerdo a lo que "los expertos" recomiendan al elaborar los horóscopos. O que las telenovelas son la máxima aportación que podemos efectuar para el análisis mundial de la problemática social. ¿Nunca mejorarán los medios?

En los medios masivos de comunicación se difunde la idea de que cada persona tiene la mejor opinión. Esto, como un cumplido para las audiencias, es aceptable. El problema es que se ha repetido tanto que la gente se lo ha creído al grado de considerarlo como una verdad. Y con profunda pena vemos a los reporteros haciendo preguntas sobre asuntos especializados a cualquier ciudadano que en el momento pasa por la calle.

Lo que empezó como un hermoso cumplido se transformó en una opción para el periodista mediocre y a las audiencias nos han quitado la posibilidad de escuchar la opinión de los verdaderos conocedores. A la gente que ha dedicado su carrera y ha consagrado su vida en la tarea de analizar el tema en todos sus detalles y por menores.

Una cosa positiva es ofrecer un buen cumplido y otra cosa negativa, y muy dañina para la sociedad, es la falsa idea de que con las palabras es posible generar verdades.

Y desgraciadamente no sólo los periodistas lo han hecho, también los abogados pretenden desviar el rumbo de los acuerdos originales a través de la interpretación de las palabras. Los abogados atacan el espíritu de la ley a través de la interpretación de una palabra. Aunque ellos no lo hacen por cumplido sino aprovechando el descuido o la ignorancia de la gente en el campo de su especialización.

Entender la razón de ser de las cosas y su finalidad, es un asunto que nos situará mentalmente en el camino de la verdad. Para que la gente hable y piense sólo en aquello que es real y que por naturaleza pertenece al mundo material, social o espiritual.

De este modo dejamos de pensar en soluciones de los mundos imaginarios y enfocamos la energía para entender el mundo real en su forma correcta, y de esta manera, nos ocuparemos de los retos del destino de manera totalmente directa.

La Verdad Social nos informa sobre el origen y la razón de ser de la humanidad. También nos da una finalidad para el hombre y el por qué de su estancia en este planeta. Ubicarnos mentalmente sobre esta interpretación que nos da la Biblia, es tomar el verdadero sentido sobre la realidad de la vida del hombre.

Dentro de la dinámica del Proyecto de Jesús, la vida del hombre adquiere sentido. Porque se pone muy claro en la mente que venimos de Dios Padre y hacia Él debemos tratar de regresar, con un espíritu forjado a través de las adversidades en este mundo. Jesús nos da toda clase de verdades como elementos base para encontrar el equilibrio en las relaciones sociales. Y los que aman la verdad encuentran en ella un vehículo para transitar por la vida con mucha dignidad y de manera realmente auténtica.

Con el Proyecto de Desarrollo presentado por Jesús, nuestra vida en sociedad adquiere sentido: tiene sentido la existencia de la autoridad pues ésta se ocupa por el bienestar colectivo.

Tiene sentido desarrollar el talento individual, pues el talento de los particulares se utiliza para buscar mecanismos y soluciones a los problemas de la comunidad.

Tienen sentido las instituciones para la educación pues en ellas se preparan a los individuos para que al concluir con su formación profesional, ayuden a la sociedad a solucionar sus conflictos y necesidades con mejores técnicas y procedimientos.

Tiene sentido la fuerza pública pues ésta se asegura de que la gente decente sea la única que transite por las calles, a los delincuentes se les encierra en las cárceles.

Tiene sentido unir nuestro esfuerzo físico y mental para tratar de conseguir un objetivo común, pues los logros de esto se traducen en mejores condiciones de vida para toda la sociedad en su conjunto. No tiene sentido crear riqueza con el esfuerzo colectivo y que sólo unos pocos obtengan sus beneficios.

CAPÍTULO XIX.- Ser parte de una sociedad ideal requiere más de lo que podemos imaginar.

Hay partes de la Verdad Social que son difíciles de aceptar, para nosotros que no estamos acostumbrados a Vivir en la Verdad. Por ejemplo, dice la Verdad Social:

"No piensen que he venido a traer paz a la tierra; no he venido a traer paz, sino espada. Pues he venido a enfrentar al hombre contra su padre, a la hija contra su madre y a la nuera contra su suegra. Cada cual verá a sus familiares volverse enemigos.
El que ama a su padre o a su madre más que a mí, no es digno de mí; y el que ama a su hijo o a su hija más que a mí, no es digno de mí. El que vive su vida para sí, la perderá, y el que sacrifique su vida por mi causa, la hallará." (Mt 10, 34)

Esto es una advertencia que quiere llamar la atención hacia un problema en la formación del ser humano. Por naturaleza, el hombre nace con una clara predisposición para hablar de acuerdo a la verdad de los hechos, lo correcto y honesto. Pero de acuerdo al medio en que se desenvuelve, es muy común que imitando a los que le rodean, se encause por el camino de la falsedad y la mentira.

Y dentro de nuestras familias, siempre existe la posibilidad de que unos individuos se inclinen por buscar su bienestar a través de los parámetros de la verdad, y otros, pueden decidir sacar provecho inmediato, a través del engaño y la mentira. Tener presente esta realidad del hombre es un elemento fundamental para quienes tratan de vivir en apego a las verdades de nuestro mundo. Nuestras familias no están exentas de tener miembros que militen en ambos bandos, por lo que Jesús nos quiere hacer conscientes de que a través de su proyecto de superación se abrirá la brecha entre unos y otros.

Porque en la antigüedad, reinaba sobre la tierra únicamente el bando de los oportunistas, abusivos e intolerantes. Imperaba la ley del más fuerte que se instalaba cómodamente encima de la dignidad humana. Pero desde que Dios Padre intervino en el mundo, se ha puesto a nuestra disposición una alternativa para el desarrollo social con mayores valores y suficiente calidad humana.

Jesús nos dejó muchas enseñanzas para que podamos construir sociedades en donde la paz, justicia y bienestar social sea una constante en la vida diaria de todos los habitantes. Participar en la construcción de una de estas sociedades ideales, es algo prohibitivo para individuos de corazón inmaduro. Se requiere de mucho valor y suficiente prudencia ante las circunstancias, para respaldar con hechos, las convicciones mentales.

En la cita bíblica descrita anteriormente, la enseñanza de Jesús va en el sentido de hacer conciencia, que no es fácil construir una sociedad ideal y que es más difícil mantenerla en óptimas condiciones. En dicha cita, Jesús representa a una sociedad ideal en donde todo es armonía entre los ciudadanos. Los familiares de quienes se hace mención, representan al ser humano enfrentado a su elección primaria de caminar en este mundo por el sendero de la justicia, o predispuesto a sacar provecho inmediato de cualquier situación o conflicto social.

Dentro del Método de Jesús, se nos enseña que la armonía del ente social es un valor cuya importancia rebasa en gran medida al aprecio que debemos mostrar por las conductas antisociales de algunos individuos, aún cuando se trate de nuestros seres más queridos.

El ente social es la cuna de un modelo proyectado para existir por miles de generaciones por lo que debemos tratar de evitar que los caprichos o malos hábitos de unos cuantos, alteren esta armonía general. Acostumbramos "sacar la cara" por todos nuestros seres queridos en momentos en que se meten en problemas. Esto es lo primero que hacemos pensando que le hacemos un bien. Las costumbres, el instinto de solidaridad humana y la cultura del pueblo, es lo que recomiendan por sentido común, pero esto no es lo correcto para mantener el perfecto funcionamiento de una sociedad ideal.

Aunque debemos analizar también que en una sociedad sin apego a la verdad, entregar a un ser querido ante la autoridad humana es un asunto que carece de sentido. ¿Por qué? Porque normalmente en sociedades guiadas por conceptos humanos, la autoridad carece de una visión sobre los causes y verdaderos métodos para el desarrollo de las personas.

Su mente se concentra en sacar el mayor provecho posible de toda manifestación antisocial de algunos individuos y de los conflictos y las desgracias de la sociedad, por lo que planificar la rehabilitación y cuidar del bien común, es algo fuera de su concepción intelectual.

Pero, acudir ante una autoridad temerosa de Dios Padre, con el fin de buscar ayuda especializada para inhibir algunos hábitos antisociales, es una manera de ayudarnos a todos para que la sociedad entera no sufra males indeseados.

Debemos acudir a este tipo de autoridad con el afán de hacer recapacitar a nuestros seres queridos y apegados a la verdad de cada caso, hacerles sentir que es un mayor bien el trabajar unidos para la obtención de metas comunes. Lo ideal es que retomen el mismo camino que todos queremos seguir: buscar el desarrollo colectivo y no aferrarse a los planes o caprichos personales.

Dentro de una sociedad ideal, siempre hay un lugar al que se puede acudir para tratar de reencauzar la conducta de los individuos apáticos para que no se excluyan del equipo de trabajo y seguir avanzando en la construcción de mejores niveles de vida para todos.

Las conductas antisociales se enfrentan ante la verdad del ser humano y sólo quedan dos opciones: o hacen su mejor esfuerzo para tratar de encontrar un espacio desde donde puedan trabajar al mismo ritmo que el resto de la población o se confina en un lugar en donde no pueda obstruir el curso pacífico del desarrollo social. Hay muchas situaciones intolerables cuando hablamos de proteger el bien común y esta es una de ellas.

Cuando Jesús nos recomienda amar a Dios Padre, por sobre todas las cosas, esto quiere decir que debemos apoyar sus planes y métodos, antes de "sacar la cara" por los desaciertos de cualquiera de nuestros seres queridos. Es más fácil corregir una conducta antisocial que construir las bases de una sociedad ideal

CAPÍTULO XX.- Un ejemplo de que obrar bien... paga bien.

Jesús les dijo a sus discípulos: "Ustedes saben que los gobernantes de las naciones actúan como dictadores y los que ocupan cargos abusan de su autoridad. Pero no será así entre ustedes.

Al contrario, el que de ustedes quiera ser grande, que se haga el servidor de ustedes, y si alguno de ustedes quiere ser el primero entre ustedes, que se haga el esclavo de todos. Hagan como el Hijo del Hombre, que no vino a ser servido, sino a servir y dar su vida como rescate por una muchedumbre." (Mt 20, 25)

Nuevamente, Jesús nos habla sobre la manera en que los hombres conseguimos el sustento y notamos que hay dos formas de obtener ganancias en este mundo: Una, la más conocida, es a través de utilizar nuestra astucia para enredar las cosas y a las personas, para sacar provecho de cualquier situación.

El ser humano ha tomado la mala costumbre de utilizar el ingenio para aprovecharse del infortunio o de la ignorancia de los demás y sacar beneficios materiales de ello. Grandes fortunas se han conseguido en base a comercializar lo que es propiedad de otros.

La otra opción, un tanto extraña para el entendimiento humano, es a través de utilizar el tiempo y poner a trabajar el intelecto para pensar en: ¿cómo garantizar bienestar, ayuda y protección para la sociedad entera? Poniendo un especial interés porque las personas, y sus bienes, perduren por largo tiempo.

La situación actual de la economía mundial nos da un ejemplo de cómo se ha llegado a materializar una de las enseñanzas de Jesús. Han pasado miles de años desde que esto fue dicho, pero sólo ahora estamos en posibilidades de comprobarlo.

Si recurrimos a las cifras públicas encontramos que los individuos que han tenido un mayor éxito en los negocios a nivel mundial, son aquellos que han podido conjugar en sus empresas algunos principios básicos para la producción de manufacturas o la prestación de servicios. Como por ejemplo: producir cada vez con mejor calidad para que los productos sean cosas que sirvan a los consumidores por más tiempo y hagan su función con menos esfuerzo. Que las características de estos productos rebasen las expectativas del consumidor más exigente, etc.

El desarrollo de la tecnología es el más claro ejemplo de que el ser humano obtiene mayores beneficios cuando se hace esclavo de las necesidades de los demás. Al emplear tiempo y dinero para la investigación científica con la esperanza de encontrar mejores materiales, o desarrollar nuevas tecnologías que permitan fabricar mejores productos, en un afán de brindar un mejor servicio a los demás y que se faciliten las labores diarias del hombre, estas personas obtienen jugosos resultados directamente en sus finanzas y, además, gozan de prestigio a nivel mundial.

Los electrodomésticos como las lavadoras de ropa, refrigeradores y la licuadora, han ayudado a hacer más fácil las tareas del ama de casa. Y por contribuir en mejorar la vida del hombre en el hogar, muchas personas han sacado jugosas ganancias.

Cada avance en la tecnología es una forma de facilitar las tareas de las personas, y por otro lado, una fuente de ingresos muy alta para todos los que intervinieron en su desarrollo. Todo esto, tal y como lo quiso dar a entender Jesús desde hace miles de años.

Porque ahora podemos comprobar que los primeros en la cima del éxito empresarial son aquellas personas que en su afán de complacer los gustos más refinados de las personas, dedicaron gran parte de su vida en tratar de elaboran los productos que dan un mejor servicio y rendimiento al consumidor final. Y este es el lado positivo de las empresas trasnacionales.

Nosotros, como consumidores, cuando vamos al mercado buscamos los mejores artículos, y al mejor precio. Los mejores artículos son aquellos que fueron elaborados con los materiales de mayor calidad; los que fueron hechos con diseños que mejor se acoplen a nuestro cuerpo; aquellos que fueron pensados para durar más tiempo bajo las peores condiciones de uso; aquellos que, aparte de tener una vida más útil, tienen bonitos diseños, acabados de lujo, y un precio razonable.

Estos son los productos que compramos porque nos hacen sentir mejor o nos dan un mejor servicio, y el fruto de las ventas van a parar al bolsillo de aquellos que se esmeraron por hacerse esclavos de nuestras necesidades, tal y como lo anticipó Jesús.

Pensar en obtener el éxito empresarial a través de la explotación y el sometimiento de los empleados es una forma muy primitiva de actuar. Como también lo es el tratar de engañar al ser humano como consumidor final.

Por todo lo descrito anteriormente, hoy podemos comprobar que se vive mejor, y se obtienen mayores beneficios, a través de utilizar el talento personal para impulsar el desarrollo global de la sociedad. Hacerse esclavo de las necesidades de los demás, hasta encontrarles una buena solución, es más redituable que ocupár la capacidad reflexiva para despojar a nuestros semejantes de lo poco que tienen.

La Verdad Social nos dice que aquellos pueblos que logren unificar su esfuerzo en torno a objetivos comunes, serán los que se coloquen en la cabeza de las naciones y los que se resistan al cambio, seguirán engañándose unos a otros y serán atrapados dentro de sus mismos razonamientos pues se apartan del análisis de la realidad del ser humano.

¿Hasta cuándo nos daremos cuenta de que no podemos alcanzar mejores niveles de vida si continuamos robándonos y engañándonos los unos a los otros? No es posible que siga pasando el tiempo y lo único que cambie en nuestro país sea la gente que está en turno para saquearnos. ¿Cómo queremos vivir en un mundo mejor si lo que en realidad hacemos es destruir y acabar con los recursos humanos y materiales de nuestro pueblo? ¿Acaso no es tiempo de hacer un alto en nuestro desorganizado caminar y analizar las cosas bajo la luz de la Verdad Social, para que nuestro desarrollo personal no destruya el desarrollo del resto de la sociedad?

Sexta Parte

Diferencia entre Fe y Certeza

He aprendido que existen dos momentos en el proceso que ha de seguirse para llegar a conocer a Dios Padre. El primero de ellos es cuando uno escucha hablar sobre las grandes hazañas e increíbles milagros que Él ha realizado durante la historia de la humanidad. Ya sea una intervención directa por parte del Creador o a través de alguno de sus tantos súbditos.

A este primer momento se le llama Crecer en la Fe, pues lo que esto implica es tomar el testimonio de otras personas, para hacer de él una convicción que penetre en lo más profundo de nuestro ser. Por este motivo podemos afirmar que desarrollar la fe es un asunto que requiere de bastante trabajo reflexivo.

El segundo momento de este acercamiento al Señor, es cuando uno empieza a experimentar la dinámica del mensaje de Jesús, y entonces, es cuando se puede comprobar que todo lo que los otros afirman acerca del Reino de los Cielos es real y verdadero. Cuando esto sucede, se deposita en nuestro ser la certeza sobre la existencia del Creador. A partir de este momento, uno deja de buscar a Dios Padre según el testimonio ajeno y se inicia una nueva era en donde a través del entendimiento, los sentido y en el fondo del espíritu, lo sentimos a Él de manera directa.

Las personas que son capaces de llegar a este momento ya no pueden actuar de acuerdo a las enseñanzas de su cultura, y en adelante, tratarán de encausar sus convicciones de acuerdo a la nueva evidencia sobre Dios Padre.

En esto radica la enorme importancia de las Sagradas Escrituras ya que ahí, la humanidad nos ha legado el cúmulo de interacciones y experiencias entre el Reino Divino y los hombres. La Biblia es la mejor de las fuentes para tener la posibilidad de acercarse y empezar a conocer la evolución de nuestra relación con Dios Padre. Y después de crecer en la fe, Él nos manda la certeza de su existencia, como parte de ese maravilloso proceso de la Nueva y Eterna Alianza que Jesucristo pactó con Él, en favor nuestro.

Posiblemente hemos dedicado mucho tiempo en la tarea de explicar el aspecto Divino de Jesús y hemos subestimado su lado humano. Jesús llegó al mundo con la misma capacidad física y mental que la mayoría de nosotros, pues de lo contrario, no tendría caso haber venido a dar testimonio de La Verdad con capacidades Divinas.

Porque de esa manera, nadie podría entonces tomar como modelo a Jesús, puesto que nadie tendría la capacidad para imitar lo que él hizo durante su estancia aquí en la tierra.

Jesús se desarrolla dentro de la cultura del hombre y como a todo ser humano de buena voluntad, se asombra de las condiciones sociales de su tiempo pues la desigualdad, injusticia y miseria en que se vive, no puede pasar desapercibida por su natural y humana capacidad de razonamiento. Analizando en su cultura y las realidades de su tiempo, Jesús descubre en el Antiguo Testamento un orden de cosas superior y esto le permite concebir una forma de organización social capaz de cimentar el progreso y desarrollo. Contando únicamente con los recursos del intelecto humano, Jesús es capaz de desarrollar enormemente su fe, tomando como base para ello, el testimonio de las generaciones pasadas plasmadas en el Antiguo Testamento.

De esta manera, establece una conexión espiritual con el Reino de Dios, con lo cual por primera vez en la historia de la humanidad, el hombre es capaz de hacer uso constante del canal de comunicación entre Dios y el hombre. Jesús logra albergar en su ser al Espíritu, convirtiéndose en el Templo Vivo al Servicio de Dios Padre.

Jesús reconoce la infinita capacidad y el maravilloso poder en la Palabra de Dios y percibe su gran Sabiduría como la única alternativa de la humanidad para liberarnos de todos los males, problemas y necesidades.

Él veía que la gente de aquel tiempo era esclava de muchas formas de sometimiento inhumano. Eran esclavos de dioses falsos; los líderes también falsos, los esclavizaban más que ayudarles en su desarrollo; esta gente eran esclavos de casi todas las enfermedades; la corrupción los cegaba; la delincuencia los hacía padecer, y la muerte, era algo que le restaba vida al entendimiento del hombre.

Cuando Jesús pasa muchas pruebas que el destino pone al hombre como una forma de comprobar la profundidad y fortaleza de sus convicciones, es entonces cuando Dios Padre le otorga la Certeza de su existencia. ¿Cómo, o en qué momento fue? Es difícil decirlo. La certeza del Reino de los Cielos le llegó a Jesús de algún modo. Quizá a través del enorme acercamiento que el Espíritu tenía con él, o quizá cuando escucha la voz de Dios Padre luego de que Juan lo bautizara, pero este detalle no se nos reveló. Quizá porque nadie pregunto.

Con la certeza o evidencia física del Reino de los Cielos, Jesús se regocija en el servicio de Dios Padre y profundiza su conexión con el Reino Divino, al grado de no sólo albergar al Espíritu en el interior de su ser, sino que a él, ésta conexión le permite hablar frente a frente con Moisés y Elías. También le permite caminar sobre las aguas evitando la acción de las fuerzas naturales de este mundo.

Ésta es la conexión que le permite sentir el poder dentro de su Ser para obrar un sinnúmero de milagros. La certeza le permite reconocer su origen Divino y a su Padre Eterno, aquél con quién siempre ha estado y con quién tomó la decisión de bajar a nuestro mundo para demostrar que la obra del Creador no fue una acción insensata. Y que si muchas almas se pierden en las sombras de la muerte, no es porque el ser humano sea un organismo creado con limitaciones insuperables, o que no sea apto para estar en contacto permanente con su Creador.

En este sentido, la labor primordial de Jesús fue el demostrar al mundo que el ser humano tiene los recursos suficientes para vencer a la muerte y salir con vida de este mundo. Que existe otra forma de llevar el pan hasta nuestra mesa sin necesidad de recurrir a la mentira, el despojo, la maldad o la injusticia.

Que los hombres obtienen mayores beneficios a través de la ayuda y comprensión mutua, que a través de repartirse los botines de las hostilidades y la guerra. Que la verdad es generadora de vida y fortaleza para el espíritu del hombre, y que por tal motivo, debemos tratar de vivir apegados a la verdad y no hacer caso a las falsas promesas de bienestar que nos brindan la maldad y la mentira.

Para tratar de facilitarle las cosas a todo aquel que así lo requiera, deseo que volvamos a analizar este asunto tan importante partiendo de algunos hechos: la palabra "certeza" está definida en el diccionario como: "Conocimiento seguro y claro de algo. /2. Firme adhesión de la mente a algo conocible, sin temor de errar." Por otro lado, la "fe" se define como: "En la religión católica, primera de las tres virtudes teologales, asentimiento a la revelación de Dios, propuesta por la iglesia. / 2. Conjunto de creencias de una religión." (Biblioteca de Consulta, Encarta)

Como hemos visto, desarrollar la fe es un tanto difícil, pues estamos hablando de que nuestro cerebro debe tomar como verdadero el testimonio de terceras personas para poder desarrollar una nueva convicción. Esto es, debe confiar en lo que otras personas afirman haber experimentado en relación con el Reino de los Cielos.

Lo difícil en este asunto es que nuestro cerebro nos exige experimentar para poder creer sin temor de errar. Sin la propia experiencia, el cerebro se rehúsa a creer porque sus lazos con el mundo exterior, los sentidos, no le han proporcionado las evidencias con las cuales podría apoyarse para poder razonar con total certidumbre. La naturaleza humana le pone una gran barrera al universo desconocido por el hecho de que no puede someterlo al análisis y contemplación de manera directa, como sucede con nuestro entorno conocido.

Por este motivo es también sumamente difícil evitar caer en el escepticismo. Simplemente, el hombre es escéptico por naturaleza propia, y contra esto es en donde se necesita trabajar con mucho empeño pues de ello depende que el ser humano sea capaz de comprender la realidad del universo de una manera global, y por el camino más fácil: sin tener que experimentar el dolor, para poder apreciar la magnitud del amor. Dice en la Biblia:

"En efecto, no hemos sacado de fábulas o de teorías inventadas lo que les hemos enseñado sobre el poder y la venida de Cristo Jesús, nuestro Señor. Con nuestros propios ojos hemos contemplado su majestad cuando recibió de Dios Padre gloria y honor. En ese momento llegó sobre él una palabra muy extraordinaria de la gloriosa Majestad: "Este es mi Hijo muy querido, el que me agradó elegir." Nosotros mismos escuchamos esa voz venida del cielo estando con él en el cerro santo." (2-Pe 1,16)

Del mundo natural nuestros sentidos toman información para que el cerebro realice sus deducciones y razonamientos. Pero, **para estar en posibilidades de conocer a lo que también es real, aunque nuestros sentidos no sean capaces de percibirlo, es necesario crecer en la fe**. Después de esto, cuando llega el momento, y en nosotros ocurre un caso de revelación directa, el cerebro ya no pide más explicaciones, pues ha tenido la oportunidad de recibir esta información de primera mano.

En el futuro ya no seguiremos siendo los mismos de antes, pues ahora nuestro propio cerebro tratará de dimensionar nuestras vidas, y el universo circundante, de acuerdo a la evidencia recibida. De ahora en adelante nuestras acciones dejarán de seguir y creer en el testimonio ajeno, porque ahora, la certeza que la propia vivencia le ha dado al entendimiento será el "motor" que impulse nuestros actos.

Es mi deber decir que todo esto no es un asunto fácil. Especialmente, uno debe ser muy cuidadoso pues cuando se decide seguir por el camino de Jesús, inmediatamente llegan a nuestra vida una serie de eventos que el destino nos pone como prueba para determinar nuestra verdadera disposición. Quiero relatar una anécdota que bien puede servir como experiencia reveladora:

Un compañero de trabajo, luego de analizar este asunto de seguir a Dios Padre, me dijo que él trataría de buscarlo. Pero al poco tiempo me comentó que en su auto una persona había dejado su billetera. Me dijo que no la había regresado pues tenía una buena cantidad de dinero en su interior y que haber hecho lo correcto hubiera sido algo realmente tonto.

Aunque no tuve la capacidad de orientarlo en el momento, con el tiempo me di cuenta de que la cartera en su auto no era otra cosa que una prueba del destino para corroborar su determinación por seguir los rectos caminos del Señor. Al quedarse con el dinero, éste amigo pensó en que ganaba mucho, pero la verdad es que al no regresarlo, perdió la oportunidad de iniciarse en el largo, pero maravilloso proceso de transformación al cual Dios Padre somete a todos los que desean convertirse en uno más de sus hijos.

El más grande suceso de este tipo que a mí en particular me ocurrió, fue cuando en sueños me visitó el maligno. Vestido impecablemente de blanco, llegó a mi sueño en compañía de otro individuo, con la intención de hacerme una oferta, supongo. Supongo, porque al enterarme de quién se trataba, no le di tiempo para hablar. Mi reacción inmediata fue la de tratar de destruirlo, pues para mí, él representa todo el mal que resulta en la espalda de la humanidad. Éste suceso se me presentó antes de que tuviera la bella experiencia de escuchar en sueños la voz de María. Por lo que uno debe estar consciente y preparado, para poder rechazar al mal, antes de estar en condiciones de recibir el bien.

CAPÍTULO XXI.- Un suceso en donde la fe de un hombre es reencauzada gracias a la certeza que Jesús le otorgó a través de un acto de revelación directa.

La Biblia nos habla de dos etapas muy diferentes en la vida de San Pablo: durante la primera, dedica su tiempo y concepción intelectual para perseguir y tratar de destruir a los primeros seguidores de Jesús. Y durante la segunda, su vida la consagra para seguir y servir a quién antes había perseguido.

Aunque parezca contradictorio, esto fue un caso en donde San Pablo tuvo el valor para modificar su forma de pensar, y adecuar sus esquemas mentales, de tal manera que concordaran con la nueva evidencia que a través de una extraordinaria experiencia había adquirido. Tuvo el valor de enfrentarse a la vida de acuerdo a su propia vivencia haciendo a un lado todo el legado cultural de sus antepasados.

Dice la Biblia que cuando Saulo pide autorización para salir en busca de más cristianos para encarcelarlos, le sucede lo inimaginable: "Mientras iba de camino, ya cerca de Damasco, le envolvió de repente una luz que venía del cielo. Cayó al suelo y oyó una voz que le decía: "Saulo, Saulo. ¿Por qué me persigues?¨ Preguntó él: ¨ ¿quién eres tú Señor?¨ Y él respondió: "Yo soy Jesús, a quien tú persigues.¨ (He 9,3)

Cuando Saulo sale de Jerusalén, él es una persona de convicciones muy profundas. Actúa de acuerdo a su forma de pensar, y lo que hace, es lo correcto dentro de los términos y costumbres de su pueblo. Va en contra de Jesús porque su cultura le establece normas y lineamientos con los cuales se sentían seguros de hacer lo correcto para estar en gracia de Dios.

Por estos motivos, Saulo sentía un fuerte compromiso por hacer valer sus convicciones. Pero, ¿Qué le pasa en el camino? De manera inesperada, Saulo es sorprendido por Jesús hablando desde el Reino Espiritual, y esto, transforma radicalmente su forma de pensar, ya que ahora no es el testimonio de otros quien le habla de la Verdad del Universo, sino que su propio intelecto ha sido enfrentado ante esta realidad.

Saulo jamás contempló la posibilidad de que Jesús realmente pudiera vencer a la muerte, y salir con vida de este mundo, tal y como en vida terrena lo había anticipado. Pero cuando lo escucha hablar, Saulo (San Pablo) se queda totalmente sorprendido. De repente sus "fuertes" convicciones se desmoronan ante La Verdad como pequeños terrones de azúcar sumergidos en agua.

Cuando San Pablo llega a Damasco, él es otra persona muy diferente a la que había salido de Jerusalén. Es diferente en el aspecto intelectual, pues su increíble vivencia del camino le ha dado certeza de La Verdad. San Pablo comprende en ese momento que por mucho tiempo ha venido siguiendo la ruta de lo aparente pensando que era real y verdadero. Pero afortunadamente para todos nosotros, su encuentro ante la Verdad del Universo provoca en él un fuerte deseo por conocerla, comprenderla y compartirla.

Aquí esta lo interesante del relato anterior: El hecho de que San Pablo haya cambiado su percepción intelectual de una manera profunda, total y muy rápidamente. Tanto que a partir de ese momento hace a un lado sus antiguas convicciones para modificar su forma de pensar, y de esta manera, reubicarse en el camino de la verdad, seguirla y aferrarse a ella.

Pienso que este es un gran mérito por parte de San Pablo, pues no desaprovechó la increíble experiencia que el Cielo le otorgó, por conocer la verdad, estando aún con vida y tocando con sus pies la superficie de este mundo. Pues esto es algo que normalmente la humanidad lo enfrenta en su estado espiritual y fuera de nuestro mundo material.

Jesús nos enseña que más allá del alcance de nuestros sentidos hay una infinidad de cosas, seres y fenómenos que existen en el universo independientemente de que nosotros tengamos o no, la capacidad de verlos o sentirlos. Y a través de perseverar en su Palabra, seremos capaces de llegar a conocer a La Verdad que rige los "motores" del universo, con lo cual iniciaremos una nueva y maravillosa etapa dentro de la vida en eternidad.

La certeza nos lanza a renunciar a todo lo humano para perseguir lo Divino. Nos anima primero a buscar en el mundo espiritual para estar en condiciones de gobernar con responsabilidad el mundo material. La certeza nos da seguridad para vivir en este mundo con la confianza de que no estamos solos en el universo y que el destino es un proceso infranqueable pero, al mismo tiempo, ha sido dispuesto para que la mayoría, si se lo propone, pueda llegar a dominarlo.

Fue por la certeza que Abraham decidió dejar atrás su seguridad y a su gente, para seguir sin temor a Dios Padre por caminos desconocidos. La certeza le dio fuerza a Moisés para lograr liberar al pueblo de Dios Padre del yugo de los egipcios. De hecho, la mayoría de los personajes de las Sagradas Escrituras lograron trascender su momento histórico, gracias a la certeza que les fue otorgada en el fondo de su ser.

La certeza está al final del desarrollo de la fe, dentro del destino que Dios Padre configuró para la raza humana. Esta es otra verdad dentro de la realidad del ser humano y Jesús nos ha indicado cómo llegar a ella, por lo que sólo es cuestión de creer... para después poder llegar a comprobar.

CAPÍTULO XXII.- Testigo sobre la veracidad de la Palabra de Dios.

Describir el impacto que la Palabra de Dios ha tenido en mi vida es un tanto difícil, porque muchas veces la línea que separa el mundo real del Mundo Espiritual del Señor es demasiado imprecisa. Los acontecimientos cotidianos llegan a ahogar, entre la rutina, verdaderos casos de intervención Divina en la vida del hombre.

Más sin embargo, existen acontecimientos en que se puede apreciar, a distancia, la mano guía y protectora del Señor. La segunda etapa de mi vida ha sido una constante sucesión de milagros. Uno tras otro, han marcado y transformado mi vida, sacándome de una situación precaria, hasta ubicarme en condiciones de vida sumamente placenteras.

Para mí, que he sido testigo de la veracidad de la Palabra de Jesús, no me cabe duda de la interacción que el ser humano puede establecer con el Mundo Espiritual de Dios Padre, tal y como Jesús nos prometió. Y básicamente, éste es el objetivo de este trabajo: Señalar a todo hombre sobre la faz de la tierra que la verdadera fuente para el bienestar personal, familiar y social se adquiere a través del conocimiento y estrecha relación con nuestro Padre Celestial.

Quiero relatar parte de mi vida, y algunas de mis vivencias, no porque ellas sean importantes por ser mías, sino porque contienen algo de Divino que es lo que las hace importantes. Recuerdo el momento en que manejaba por las carreteras de México: era de mañana y desde muy dentro de mi ser, quise comunicarle a Dios Padre que gracias a las lecturas de su Palabra, me nacía la convicción de guiar mi vida a través de sus preceptos y que definitivamente quería renunciar a volver a buscar mi felicidad, y el patrimonio de mi familia, en base a mis habilidades personales y a los planes y proyectos humanos.

A partir de ese momento dejé de pensar en conseguir dinero como algo prioritario y decidí vivir según la Voluntad de Dios Padre. Me esforcé por tratar de interpretar su Voluntad con la intención de ponerla en práctica dentro de mi vida personal, en los asuntos familiares, para la realización de cualquier negocio y dentro de mi ámbito social.

No dudo que haya tenido muchos errores antes y ahora mismo, pero creo que mi voluntad e intención por llevarlo a la práctica me han ayudado bastante. Llegué a la convicción de que abordar y transitar sobre el Camino hacia Dios Padre, requería de compromiso y mucha dedicación por parte nuestra.

La acción de "renunciar a sí mismo", requirió de mucho trabajo reflexivo por parte mía. Me di cuenta de que a través de estas palabras, el Señor nos hace una firme invitación para que accedamos a depositar el destino de nuestras vidas totalmente en sus benditas y sabias manos.

Comprendí que esta invitación conlleva el hecho de que el hombre debe desistir en el afán de liderar el desarrollo de la humanidad basado exclusivamente en nuestros razonamientos y concepciones humanas. Y que en lugar de esto, pusiéramos toda la capacidad física, mental y reflexiva en la tarea de llevar a la práctica sus enseñanzas básicas de organización social, prestando atención de manera continua y sensata a los consejos del Espíritu, y al final, obtendremos más de lo que nunca podríamos imaginar. Para mí, esto es lo que Jesús quiso decir al momento de exponerle a sus discípulos: "....pues el que quiera asegurar su vida la perderá y el que sacrifique su vida por causa mía, la hallará".

Renunciar a uno mismo significa ceder a Jesús el papel protagónico como líder en todos los asuntos trascendentales de la vida. Esto implica: cederle el liderazgo del negocio propio, para tratar a la gente bajo su criterio. De manera que debemos distribuir el trabajo de acuerdo a sus enseñanzas sobre la capacidad y talento de cada una de las personas bajo nuestro mando. En la medida en que seamos capaces de llevar a la práctica lo estipulado por Jesús, en esa misma medida lograremos consolidar un negocio rentable.

Hay que poner en manos de Jesús el hecho de decidir cuál es la carrera profesional que más nos conviene. Él es el único que sabe cómo estarán las condiciones en el futuro y qué tipo de personal hará falta en las empresas del mañana. Uno sólo debe buscar, de entre todas las opciones al alcance de nuestras posibilidades, y él se encargará de manifestar su decisión en lo más profundo del espíritu.

Hay que ceder a Jesús la decisión de escoger el lugar en donde hemos de vivir y el tipo de vida que hemos de llevar; esto es lo que realmente significa cederle el liderazgo de nuestro destino y el destino de todos los seres queridos. Esto es confiar en su capacidad de dirección para que por su mano logremos formar un mejor Estilo de Vida.

Hay que ceder a Jesús todas las decisiones más trascendentales y poco a poco iremos comprobando que él nos dirige hacia el lugar y con las personas más idóneas para trabajar y convivir. Cuando veas venir un buen negocio, analiza detenidamente si al intervenir tú, nadie más va a salir lastimado. Porque Jesús jamás te enviará un asunto en donde terceras personas salgan perjudicadas.

Si no vienen de Jesús, vale más dejarlo y tratar de ayudar a las personas para que no pierdan su patrimonio. Esta es la dinámica que todos hemos de seguir para triunfar como ente social. El éxito está asegurado pues si no haces un buen negocio sí puedes aprovechar la oportunidad de ayudar al prójimo, y quizá, esta es la razón por la que Jesús los llevó hasta ti.

Pensando en la idea de renunciar a mí mismo, me imagine la posibilidad de dejar de existir para servir al propósito de Jesús, lo mejor que pudiera, y luego de reflexionarlo por largo tiempo, me di cuenta de que en la sociedad, y en el mundo, personas de todas edades y de todos los estratos sociales son sorprendidos por la muerte en situaciones muy inesperadas y tristes.

Los accidentes y los hechos violentos de la delincuencia son el muro infranqueable que sorprende a muchas personas. Todos los días se pierden valiosas vidas, por lo que una vida más, no hace la diferencia. ¿Qué impacto pudiera tener el mundo si yo dejara de existir?

Me di cuenta de que no sería gran pérdida si yo aparentemente dejaba de existir, para poner mi vida por completo al servicio del Señor. Por lo que renunciar a mi vida y seguir a Jesús, era un mejor negocio que ser una víctima más de la delincuencia. Además, yo era tierra realmente fértil para ese asunto de "poner nuestra confianza en Dios, y no en los hombres".

¿De qué voy a vivir cuando sea viejo? Esto es algo que ya no me perturba como solía hacerlo en el pasado y tengo mucha confianza en que Dios Padre tiene un final sin complicaciones para mí. Esto, si soy capaz de mantenerme sobre la misma directriz: dejar que sea Él, a través de la verdad y su infinita sabiduría, quién dirija el destino final de mi existencia. Y yo sólo me preocupo en tratar de que sus planes y proyectos se materialicen en mi vida. Siempre me acuerdo de un pasaje bíblico que dice: "Ocúpate de los asuntos del Señor y él se ocupará de los tuyos".

Hasta el día de hoy, Él ha llevado mi vida y fincado nuestro patrimonio de una manera que yo jamás lo hubiera podido hacer. De una opción a otra, Dios Padre siempre me ha dado una alternativa para que pueda cuidar y alimentar a la familia.

Hoy tengo más de lo que merezco y aunque en el pasado dedique todas mis fuerzas y toda mi capacidad intelectual para adquirir riquezas y bienes materiales, nunca logré encontrar el equilibrio emocional y la plenitud de la vida, como Él me lo ha dejado sentir en mi situación actual. Es curioso, pero cuando renuncié a mi vida para ponerme al servicio del Padre, fue cuando en realidad empecé a vivir.

Jesús protege, conduce hacia mejores niveles de vida y enseña a Vivir en la Verdad a todo aquel que pone incondicionalmente su vida en sus manos. Uno sólo debe mostrar la disposición de aprender y de llevar a la práctica todas sus enseñanzas. Si nosotros, que somos imperfectos, no le fallamos, debemos estar totalmente seguros de que él nunca se apartará de nuestro lado. Si uno es capaz de tomar decisiones y realizar proyectos tomando como máximo propósito el cumplir su voluntad y no la nuestra, o la de cualquier otra persona, empresa o partido político, esto es lo que más agrada al Señor. Si uno hace su parte, Él no dejará de cumplir la suya. Dice en la Biblia:

"El que me ha enviado está conmigo y no me deja nunca solo, porque yo hago siempre lo que le agrada a él." (Jn 8, 29) ¡Esto es muy cierto!

De la mano de Dios Padre he pasado de la angustia por tratar de dejar huella en esta vida, a la confianza de vivir el momento y disfrutar a los que ahora están conmigo. Podría llenar varias hojas hablando de los milagros que Él ha hecho en mi vida, pero dicen que al buen entendedor... pocas palabras.

A continuación deseo relatar uno de tantos milagros que Dios Padre ha llevado a cabo dentro de mi vida y con lo cual espero que todo lector obtenga suficiente confianza como para crecer en la fe, advirtiendo las ventajas que se pueden obtener al seguir por su Camino, aún cuando en un principio no tenemos la capacidad para comprender la manera en que nos puede ayudar.

Hubo un tiempo en que tuve la necesidad de manejar un taxi para llevar el sustento a mi casa. En este trabajo lo que a todos los taxistas nos preocupaba era la delincuencia, pues había periodos en que cada semana asesinaban a un compañero y todo, por quitarle el trabajo de un día. Entre nosotros tratábamos de prevenirnos evitando salir con varios sujetos a lugares lejanos o subir a individuos con mal aspecto.

Al poco tiempo nos enteramos de otro caso que había sucedido en una población cercana pues encontraron a otro compañero mal herido. Le quitaron el coche, lo golpearon y lo dejaron muy lastimado entre los campos de cultivo. Cuando se supo la versión de los hechos, por parte del taxista, todos quedamos atónitos: Dos mujeres disfrazadas de enfermeras, en compañía de un hombre, eran los responsables del atraco. Todos coincidíamos en un punto: Si me hubieran hecho la parada a mí: ¡Los hubiera levantado! La delincuencia estaba muy presente y activa en nuestro medio. Y casi toda nuestra clientela era un delincuente en potencia.

Una noche mientras dormía, me sorprendió el hecho de encontrarme viendo de frente hacia lo que parecía la fotografía de una persona. Como en una proyección cinematográfica, la "fotografía" ocupaba toda la "pantalla". Duró bastante tiempo al grado de que en mi estado consciente dentro del sueño me pregunte: Y ahora este tipo... ¿qué onda? Tuve tiempo para contemplar su rostro detenidamente y luego trate de ver hacia los lados, pero todo estaba oscuro. Y la foto seguía ahí sin moverse: ¡Nítida y clara! Pasaron otros segundos y luego de repente la proyección se acercó hacia mi rostro hasta quedar totalmente frente a mis ojos. La tuve sobre mi rostro a la distancia justa en que no podía ver otra cosa. Se posicionó a la distancia precisa en que quede viendo al tipo en completa definición y con toda claridad, sin distraerme en el entorno. Esto fue durante varios segundos y de repente se esfumó.

Yo soy de las personas con problemas para identificar a los demás por sus características físicas, pero ese rostro que les comento, todavía lo puedo recordar. Comprendí que aquello había sido una forma de decirme que me cuidara de aquél hombre. Y con la confianza de que él no podía sorprenderme, seguí trabajando.

Al cabo del tiempo, tuve la oportunidad de identificar a este individuo entre la gente, y de esta manera, pude comprobar que el extraordinario suceso no había sido algún malfuncionamiento cerebral, producido por la presencia de algún químico raro en mi cabeza, como erróneamente tratan de explicar el origen de los milagros en algún programa de televisión publicado por la National Geografic. Esto no fue una ilusión o desorden cerebral, sino que se trató de un verdadero llamado de alerta desde el Reino de los Cielos, con el fin de evitar que alguien me hiciera daño.

Claro está, para poder comprobar que este tipo de fenómenos son posibles dentro de la vida del ser humano, hay que hacerse de convicciones auténticas y madurar nuestra fe al grado de poder "activar" el espacio que el Señor diseñó, en el fondo del espíritu del hombre, para que el Espíritu Divino pueda ocupar su morada en medio de nuestro ser.

Es por este motivo que debemos reconocer a Jesús como: "Emmanuel", pues a través de su legado nos hizo posible comprender el hecho de que el ser humano pueda albergar al Espíritu del Señor entre nosotros. Tengo entendido que esto es lo que significa "Emmanuel": Dios entre nosotros... en lo más profundo y limpio de nuestro ser.

CAPÍTULO XXIII.- La Biblia, fundamento y fuentes.

Para hablar sobre la autenticidad de la Palabra de Dios, deseo anexar aquí una carta que le envié a Mario, uno de mis mejores amigos en la vida. Considero que en ella se tocaron varios detalles que se han de tomar en cuenta cuando se pretende analizar el Mensaje Divino según el origen y autenticidad de las fuentes.

Lo interesante en este documento es que se llega a la conclusión de que para el ciudadano común, no es necesario perder la vida tratando de descifrar el Mensaje Original de Dios Padre. También, y como complemento a esta idea, quiero decir que no es necesario perder la vida tratando de rescatar las reliquias de la antigüedad para poder obtener Vida Eterna.

El Santo Grial, los Clavos de la Cruz y la misma Santa Cruz, son objetos Sagrados que si la humanidad los encuentra, debe conservarlos con mucho amor y en recuerdo a la misión de Jesús, pero debemos llegar a entender que estos objetos no son el medio para que la humanidad pueda vencer la barrera de la muerte. Esto es algo que se encuentra dentro de uno mismo.

En una ocasión le supliqué a Dios Padre, me concediera tener en posesión algún objeto de procedencia Divina para que la gente pudiera creerme que Él verdaderamente estaba cerca de mí. Al paso del tiempo, y luego de no obtener respuesta alguna, comprendí que mi petición estaba fuera de contexto pues me di cuenta de que no necesitamos de cuerpos extraños para dar testimonio de la Grandeza del Creador.

Para esto, lo que sí nos hace falta es madurar en la fe. Nuestra fe es el sentimiento que dentro de nuestro espíritu es capaz de instalarse en el "espacio", casi al tamaño de una semilla de mostaza, para que con ella podamos establecer nuestra conexión permanente con el Reino de los Cielos. La fe es una entidad de procedencia extraterrestre y por lo cual se transforma en el objeto que hemos de mostrar al mundo.

Cuando alcanzamos este momento, la realidad nos dice que no hay nada en el pasado de la humanidad, dicho por Dios Padre, que no pueda volver a decirse. Porque nuestro Dios y Padre es un Ser que verdaderamente vive y verdaderamente puede interactuar con nosotros a través de sus métodos.

Por todo lo descrito anteriormente yo quiero decirle a la gente sencilla que no busquen al Creador a través de mucho análisis y estudio especializado. Esto ya lo está haciendo la humanidad para que en el futuro las generaciones venideras conozcan más detalles sobre el tema. Lo verdaderamente importante es que todos analicemos los documentos que en el pasado se prepararon para que nosotros los usemos.

Con lo que ha llegado a nuestras manos es suficiente para crecer en la fe y poder concebir la dinámica que nos mantiene conectados con el Reino Espiritual del Señor.

Entonces... ¿Cuál es la mejor versión de la Biblia para conocer y acercarse a Dios Padre? ¡La que está más cerca de uno!

Ahora permítame transcribir la carta que le comenté al principio de este capítulo y que fue elaborada por su servidor:

Estimado amigo Mario,

Recibí con mucho gusto tus comentarios. Créeme que han sido de mucha ayuda para mí, y por esto te lo agradezco bastante. Ya los leí y quisiera tratar de exponer algunos puntos al respecto.

Quisiera iniciar con el tema de la traducción de la Biblia que tengo. Es la Biblia Latino-américa en su 90 edición, principalmente, y como medio de consulta utilizo varios sitios de Internet. Allí encuentro varias versiones y el servicio es tan completo que todo es bueno para el análisis o estudio de la Biblia. Para mí, la Biblia que ocupo es totalmente adecuada para adentrarme en el entendimiento de la Voluntad de Dios Padre. Debo aclarar que durante algún tiempo tuve la inquietud de tratar de llegar hasta las fuentes originales con el fin de que mis razonamientos llevaran un mayor apego al mensaje original, pero luego de meditarlo profundamente decidí claudicar en ese propósito. Y lo hice por los siguientes motivos:

PRIMERO.- La Biblia, cuando se intentó traducirla del arameo al hebreo, tengo entendido que tuvieron muchos contratiempos pues se dieron cuenta de que poca gente hablaba este idioma original. Y... ¿Qué decir de los libros más antiguos de la Biblia? Entiendo que de Noé en el diluvio, hasta el Rey David, los sucesos del pueblo elegido por Dios fue algo que se vino pasando de generación en generación, a través del recurso oral. No fue sino hasta que el Sabio Salomón se ocupó de reunir a los ancianos y maestros de la Ley para plasmar en papel lo que por milenios se había pasado de boca en boca. Entonces: ¿Qué posibilidades tenemos de llegar a las primeras fuentes si la verdad es que todo se nos ha dado de poco a poco?

Adquirimos nuestras traducciones del hebreo y griego principalmente, por lo que tratar de llegar al verdadero significado de las palabras de la Biblia, a través de todas sus fuentes, es un asunto que le compete a la humanidad en general. Cosa que yo, como particular, no lo puedo hacer porque ni tengo los medios, ni el tiempo para ello. Gastaría mi vida y lo más seguro es que jamás pueda decir que conozco el mensaje de la Biblia a través del cuidadoso análisis de las palabras desde su idioma original.

SEGUNDO.- Es probable que la humanidad algún día pueda decir que tiene el mensaje de la Biblia a través del análisis de su fuente original. Pero aún con todo y esto, nadie podrá asegurar que lo que dice la Biblia es el fiel reflejo de la Voluntad de Dios. ¿Por qué? Porque todavía faltaría el filtro lógico, como tú le llamas, entre la realidad de los hechos y la habilidad del autor para plasmar con palabras lo que percibió a través de sus sentidos. ¿Cuántas y cuáles variables podemos establecer para tener certeza de la capacidad del autor para interpretar correctamente el mensaje de Dios? ¿Y qué decir de los sentimientos? Es sumamente difícil expresar con palabras lo que sentimos dentro del alma.

Por lo tanto, llegué a la conclusión de que no es absolutamente necesario realizar una investigación exhaustiva para entender el mensaje de la Biblia. Yo creo que con lo que ha llegado a nuestras manos, ésa Biblia que tenemos en casa, es más que suficiente para conocer a Dios. La Voluntad de Dios es algo eterno y perfecto, y por lo mismo, nunca sufrirá cambio alguno. Más sin embargo, no podemos decir lo mismo de nuestras fuentes. Por ejemplo: Lo que hoy en día leemos en nuestra Biblia, sobre las Tablas de La Ley que Dios Padre entregó personalmente a Moisés, es un asunto que se puede rastrear científicamente hasta su fuente original que se escribió en tiempos del Rey Salomón. Pero, de ahí a la época de Moisés (275 años aprox.), no hay evidencia escrita pues todo se transmitía por medio del lenguaje oral y de una generación a otra. A mi entender, sólo a Moisés se le entregó una Ley en donde el Señor escribió lo que debía transmitir a las multitudes. Fue el único suceso en donde Dios habla en forma directa con un hombre y le especifica su Voluntad. Pero curiosamente el texto del mensaje de los Diez Mandamientos es muy conciso y escueto. Se dio en pequeñas frases quizá para evitar que el mensaje original se desvirtuara debido precisamente a las apreciaciones particulares de cada transmisor o traductor.

La gran mayoría de los autores de los libros de la Biblia recibieron el mensaje en formas menos precisas. Pienso que si hacemos un análisis de esto, nos daremos cuenta de que a la gran mayoría, Dios los inspiró a través de los sueños, y a otros más, por medio de visiones. Analizando esto: ¿Qué posibilidad existe de que los autores hayan captado bien el mensaje si en realidad fue otorgado a través de un medio susceptible de varias interpretaciones? ¿Qué tan diestros en su lengua natal eran los autores para plasmar algo Glorioso, y muy subjetivo, con los recursos de un lenguaje primitivo?

Entonces: no son las palabras de la Biblia el elemento más importante para entender su mensaje, más bien, yo soy de la convicción de que lo verdaderamente importante es el Espíritu de la Biblia. A los autores, Dios les hizo sentir su Grandeza en lo más profundo de su ser, y lo que ellos escribieron fue el resultado de lo que Dios les inspiro en el momento. Yo me atrevo a decir que, en la mayoría de los casos, el contenido de la Biblia es: La Inspiración que Dios ha producido en el entendimiento de los Hombres. No son temas específicos como en el caso de Moisés, sino la inspiración de un orden superior de las cosas. Y de una etapa a otra, cada vez más refinada, es como hemos venido evolucionando en el entendimiento de la Voluntad Divina.

TERCERO.- Hay un hecho en la vida de Jesús, que hizo enfocarme en el intento por rescatar el Espíritu de la Biblia, sin poner demasiada atención en el significado original de las palabras. Si te das cuenta, Jesús no escribió absolutamente nada durante el tiempo que vivió entre nosotros. Pareciera desconcertante que antes de él hayan existido muchos libros escritos por personas con una menor preparación y entendimiento sobre la Voluntad de Dios Padre. Antes y después de Jesús hay material escrito, pero él en particular, no escribió ni una sola oración. ¿Acaso su mensaje no era importante como para escribirlo con letras de oro? Claro que su mensaje es fundamental para la salvación de la humanidad, pero por alguna razón que aún no tenemos en claro, Jesús decide no dejar nada por escrito. Entonces, si Jesús no nos dejó nada por escrito, esto es motivo suficiente para tener confianza de que no se ha perdido nada que no pueda ser rescatado nuevamente.

CUARTO.- He aprendido que Dios es un Ser con vida eterna, y que si en el pasado reveló cosas importantes a los autores de la Biblia, el mismo Dios que nunca muere, puede hacer el mismo tipo de revelaciones si nuestras circunstancias y necesidades así lo ameritan. Mario, cuando digo que el lenguaje del ser humano es algo imperfecto, créeme que en verdad sé lo que digo.

No es soberbia o insolencia, pero es que he tenido la dicha de "palpar" el lenguaje Divino. Cuando usamos en su forma correcta nuestro lenguaje, a lo que más podemos aspirar es transmitir ideas o hechos de la vida. Pero cuando "escuchas" la conversación Divina, lo que obtienes son sentimientos: sentimientos de dicha, de amor, de arrepentimiento, de solidaridad, de presencia, etc. Es un lenguaje sin palabras que transmite sentimientos y que toca lo más profundo y sensible de nuestro ser, y para mí, esto es la perfección en lo que se refiere al objetivo de la comunicación. ¿Cómo? Ni me preguntes.

Creo que lo importante de toda Biblia es su capacidad para encausarnos en el conocimiento de Dios, y una vez que obtengamos un avance considerable, estaremos en posibilidades de recibir las lecciones de primera mano, no del autor de la Biblia, sino del inspirador del autor, que siempre ha sido el mismo: Nuestro Santísimo Padre.

Con esto no quiero decir que todas las mañanas entro en conferencia con el Reino de los Cielos y que me pongo a discutir las medidas que se deban aplicar en la tierra. Esto nadie lo hace, y estoy totalmente convencido que ni el propio Jesús tenía un acceso directo y a voluntad propia con su Padre de manera constante y en el momento que él lo necesitara. Si no, no tuviera caso que hubiera bajado en forma de humano. Todos los que aseguran que interactúan a voluntad con el Reino de Dios creo que son falsos y totalmente mentirosos. Las poquísimas veces que yo he tenido la dicha de sentir el lenguaje Divino, siempre ha sido en un solo sentido: de allá para acá, y yo jamás he tenido la posibilidad de hacer nada o de decir nada. Uno no tiene ningún control sobre esto y sólo se obtiene lo que Dios Padre nos quiere dar.

En una ocasión se lo dije a mi esposa, y ahora aprovecho la oportunidad para comunicártelo a ti: en mi experiencia personal, yo pasé del escepticismo a la fe, y de ahí, Dios me otorgó la certeza. Si yo lo pude hacer, cualquier ser humano también lo puede lograr, porque esto es una de tantas verdades universales que Jesús nos vino a revelar.

Tú eres de los que más me han conocido y has de acordarte de que yo era totalmente escéptico, pero cuando me doy cuenta de que después de haber seguido los planes humanos para obtener la felicidad, no me habían conducido a ninguna parte, me entrego de lleno a la búsqueda del Señor.

Después de algún tiempo, pienso que logré conjuntar los requisitos básicos para que el Espíritu pusiera su morada en mi interior. Y desde ese momento, en mi mente y en mi entendimiento existió la certeza de la existencia de Dios y de su Reino Divino. Pienso que el conocimiento de Dios se da a través de un proceso bien estipulado: primero debe uno crecer en la fe y después Dios nos otorga la certeza. Y esto es lo que yo entiendo por fe: el espacio que uno es capaz de mantener limpio en nuestro interior para que el Espíritu pueda habitar en él. Este espacio es creado a través del crecimiento en la fe, y cuando uno se hace digno de albergar al Espíritu, se obtiene la Certeza del Reino de los Cielos. Esta es la verdad que Jesucristo nos reveló cuando dijo: "Si alguien me ama, guardará mis palabras, y mi Padre lo amará. Entonces vendremos a él para poner nuestra morada en él." (Jn 14,23)

Amigo mío me despido. Espero que estas líneas no creen disturbios en tu pensamiento, y que por el contrario, te sirvan para avanzar con paso firme hacia el correcto entendimiento del mensaje de Jesús, pues de ello depende que nosotros, y nuestros seres queridos, obtengamos bienestar y progreso para esta vida y para la siguiente. Salúdame a tu hermosa familia y espero que todo marche muy bien en tu trabajo.

ATENTAMENTE

ODAC.

CAPÍTULO XXIV.- La educación, fundamental para el desarrollo pero... ¿Qué conocimientos son los que hay que masificar?

La educación es la "Espina Dorsal" del desarrollo. Esto universalmente es verdadero, porque la generalización del conocimiento es lo que trae bienestar al mundo. Pero hay algo dentro de nuestros procedimientos que ha evitado que esta proposición se cumpla cabalmente como ocurre en otras sociedades del mundo.

El país invierte muchos recursos para la educación con la esperanza de que a través de este medio podamos salir del subdesarrollo, pero la realidad nos dice que la sociedad se inclina más hacia estándares de vida cada día más bajos, que al establecimiento de un estilo de vida similar a los que se practican en el primer mundo. La sociedad realmente está avanzando en dirección opuesta a su desarrollo sin que el sector educativo haga algo para evitarlo.

Ante el incremento de la delincuencia, el crimen organizado y la pérdida de valores, quizá nos vendría bien el formularnos la siguiente pregunta: ¿Qué estamos enseñando a nuestros hijos? Porque es importante generalizar el conocimiento pero resulta de mucha mayor importancia, el estar seguros de que estamos enseñando lo que verdaderamente les conviene a ellos, para su desarrollo personal y lo que nos convenga a nosotros, para que el día de mañana estos pupilos nos ayuden a salir del subdesarrollo.

Pienso que la educación en México no consigue lo que deseamos por habernos enfocado a masificar el conocimiento dejando de lado la verdadera educación. Nosotros no educamos, simplemente instruimos a la gente en campos especializados del conocimiento humano, dándoles libertad para vivir la vida a su manera.

¿Estamos generalizando conocimiento especializado para mejorar la calidad humana en nuestras sociedades o siguen las instituciones públicas y privadas formando "máquinas sofisticadas" que, en un afán de forjarse un patrimonio propio, actúan en forma aislada de los problemas y necesidades del resto de la población? O lo que es peor: ¿Estamos formando, con los recursos del pueblo, delincuentes con un título profesional?

Porque en las escuelas de gobierno es el pueblo quien paga por el subsidio a estas instituciones para que algunos particulares se instruyan, pero luego, ya con el título bajo el brazo, en lugar de ayudar a resolver los problemas de la sociedad, se convierten en los peores parásitos de la misma.

Me refiero a todos aquellos individuos que utilizando su formación académica desconciertan con sus argumentos el entendimiento de las personas, y de esta manera, sacan provecho personal de nuestros conflictos y necesidades. La sociedad se ha hecho del mal hábito de utilizar el conocimiento especializado para enredar las cosas, ocultar la verdad de los acontecimientos e interpretar los hechos de manera que sólo los individuos "preparados" puedan sacar provecho de los conflictos del prójimo.

La educación verdadera se enfoca en los aspectos intelectuales y morales del individuo. No existe la civilización humana sin moralidad pues ésta toma en cuenta el carácter benévolo o malicioso en las acciones de las personas para tratar de llegar a un entendimiento generalizado que favorezca la convivencia pacífica.

El ingrediente moral de la educación le sirve a un pueblo para unificar su manera de pensar y juntos definir las convicciones universales que han de regir la vida social de manera que podamos coexistir en armonía. El respeto mutuo, la utilización de los recursos naturales para el bienestar social, entre otras cosas, son signos de la apreciación del entendimiento y de la conciencia que sólo es posible depositarlo en el espíritu de las personas a través de la educación verdadera. ¿Se nota la diferencia entre educar y masificar conocimiento? La primera es parte de un proyecto nacional para preparar a los individuos para que sustenten el desarrollo social. La segunda peca de irresponsabilidad al entregar conocimiento especializado en las manos equivocadas.

Si el conocimiento se va a usar para estafar a los ciudadanos sería mejor que no se masificara, porque hoy podemos darnos cuenta de que estamos peor con muchos egresados de las universidades que antes que eran menos. Y no es que no hagan falta, definitivamente necesitamos más de ellos, pero de los que estén preparados intelectualmente y además lleven un código moral que los incline a buscar su desarrollo personal, al mismo tiempo que generan el desarrollo social.

No tiene sentido tanta especialización para que las decisiones más trascendentales se realicen de acuerdo a los intereses particulares de unos cuantos. **Debemos darnos cuenta de que las ciencias y la tecnología funcionan correctamente cuando se utilizan para canalizar y sustentar el bien común, de lo contrario, pierden el sentido y su razón de ser. Las ciencias no fueron creadas por hombres que pensaban en robar, sino en transformar las cosas para hacerlas más útiles en la vida de las personas.**

Lo anterior puede ser comprobado al analizar el siguiente hecho: La carrera de la abogacía, entre otras tantas, es una especialización que se encuentra saturada en nuestro país. Si todo caminara de acuerdo a la lógica, sería un hecho de que en nuestro país, las leyes tuvieran demasiada fortaleza pues habría todo un ejército de juristas luchando porque cada día nuestra sociedad se apegara a vivir de acuerdo a las normas del derecho. Sin embargo, lo que pasa dentro de nuestra realidad es que entre más abogados egresan de las instituciones, más lagunas le encontramos a las leyes.

Existe la tendencia de utilizar este tipo de conocimiento especializado para evadir la ley, a costa de tomarle un "atajo". Los abogados están utilizando su conocimiento sobre el legado de la humanidad para destruir nuestro estado de derecho y no a la inversa como sería lo más deseado. ¿Por qué no construir más leyes auxiliares para evitar los atajos, en lugar de convertir las lagunas en océanos?

¿Qué les enseñan en las universidades que la gente está cansada de tratar con abogados? Hay letreros en algunos edificios en donde no se aceptan abogados como inquilinos, pues acostumbran utilizar sus conocimientos sobre las leyes para evadir pagar la renta. Y en algunas tiendas departamentales hay letreros en donde tampoco aceptan dar crédito a los abogados. Yo me pregunto... ¿en qué semestre les enseñaron este tipo de conducta?

La cuestión es que en nuestra sociedad las personas necesitan hacerse hombres de bien, antes que formarse como hombres de ciencia, pues de lo contrario, seguirán como cualquier pelado vulgar buscando su beneficio personal a cualquier costo, sin importarles el daño que nos causan y el retroceso en la civilidad de nuestras relaciones sociales. Este tipo de individuos están evitando participar en el desarrollo de nuestro país, cuando deberían ser los que planificaran su estructura y certeza jurídica.

Y verdaderamente la educación es la espina dorsal del desarrollo, pero cuando tiene por objetivo participar en la formación de la personalidad y actitud de los individuos a fin de que puedan transformarse en Hombres Auténticos: Unidades Fundamentales para el Desarrollo Social. Este es el tipo de educación que engrandece a los pueblos porque sus metas y objetivos están vinculados al desarrollo de la sociedad en los aspectos científico y moral. Hemos de aclarar que son varios los filósofos que han hecho un gran esfuerzo por definir los principios éticos. Las cuestiones morales que se han de generalizar entre la población a fin de conseguir armonía en las relaciones sociales. Esto puede ser una gran muralla cuando se trata de elegir a quien tiene un mejor planteamiento para tomarlo como modelo.

El tiempo ha de darle la razón a Jesús, que aunque a la fecha no se le reconoce como autor de los principios y valores auténticos, con el tiempo la humanidad tiende a retomarlos porque es la única alternativa para coexistir en este mundo de manera pacífica y organizada, todo lo demás, es camino que se dirige hacia la autodestrucción de la especie.

Por este motivo podemos afirmar que el único tipo de educación que verdaderamente nos conviene, para formar la personalidad de nuestros hijos, es aquella que tiene por objetivo el entender, generalizar y aplicar en la vida diaria, los preceptos del Proyecto para el Desarrollo Social elaborados por Jesús. Sus principios y valores nos proporcionan los elementos necesarios para que la vida del ser humano se encause al florecimiento de la vida en el planeta, a su conservación y a la creación de los más grandes anhelos que son: desarrollo, paz y justicia social.

Hay una mala interpretación de los alcances de la religión, en nuestra sociedad. Se piensa que sólo sirve como instrumento de control sobre las masas y que las personas con instrucción académica deben darse cuenta de esto y alejarse lo más posible de todo lo que la religión profesa. Pero no todos pensamos lo mismo. A continuación, permítame transcribir un fragmento de un artículo relacionado con el tema.

LA RELIGIÓN EN NORTEAMÉRICA: ¿SERA LA VITALIDAD DE LAS IGLESIAS LA SORPRESA DEL PRÓXIMO SIGLO?
Por George Gallup, Jr

En este artículo, reproducido de The Public Perspective, uno de los encuestadores de Estados Unidos de mayor prestigio analiza las estadísticas sobre la religión en Estados Unidos y su significado para el presente y quizá el futuro.

Es imposible comprender la sociedad estadounidense si no se conoce la poderosa dinámica religiosa que influye en las actitudes y la conducta del pueblo. Es una ironía que, no obstante la existencia obvia de esta dinámica, los analistas sociales a menudo le restan importancia.

Un estudio reciente, llevado a cabo por El Instituto Internacional George H. Gallup, para William Moss, revela que las preocupaciones de los estadounidenses acerca de la sociedad, la democracia y el futuro están íntimamente ligadas con sus creencias religiosas.(1) Aunque la mayoría de los encuestados se aferra fielmente a la idea de que se puede ser una persona buena y de principios éticos aunque no crea en Dios, una sólida mayoría (61%) afirma que la democracia no puede sobrevivir sin una creencia generalizada en Dios o en un Ser Supremo. Una prueba más del poder de la dinámica religiosa en la sociedad estadounidense es el hecho de que la importancia que se otorga a la religión y la intensidad de la fe, frecuentemente se debe más a actitudes y conductas que a características básicas tales como edad, nivel de educación y afiliación política.

Diversidad y vitalidad religiosas

La cláusula sobre la libertad de religión en la Primera Enmienda a la Constitución de Estados Unidos (que ha sido descrita como quizá la declaración política más importante de libertad de religión y justicia pública en la historia de la humanidad) tiene sólo 21 palabras: "El Congreso no aprobará ley alguna por la que adopte una religión como oficial del Estado o se prohíba practicarla libremente". Basta con observar el panorama de Estados Unidos para descubrir la importancia de esta disposición, tanto para la preeminencia que se otorga a la religión en nuestro país como para su diversidad. Aproximadamente 500.000 iglesias, templos y mezquitas, de todas las formas y tamaños, salpican el paisaje. No hay menos de 2.000 denominaciones, sin mencionar las innumerables Iglesias y comunidades religiosas independientes. La manera de llegar al pueblo estadounidense es a través de sus templos, en el curso de un mes el 60% de la población pasa por ellos.

Es obvio que Estados Unidos es "muy dado a las iglesias"; de hecho, los últimos 50 años han sido el medio siglo más religioso de la historia de la nación, a juzgar por los censos y demás datos citados por Roger Finke y Rodney Stark en The Churching of América. (2) Los estudios revelan que los niveles de creencia religiosa declarada son extraordinariamente altos. Prácticamente todos los estadounidenses dicen que creen en Dios o en un espíritu universal. La mayoría cree en un Dios personal que protege y juzga a sus adeptos. La mayoría cree que Dios hace milagros en nuestros días y muchos afirman que han sentido la presencia de Dios en varias oportunidades durante su vida y que Dios tiene un plan para sus vidas. Una mayoría considerable cree que serán llamados ante Dios el Día del Juicio para responder por sus pecados.

Los estadounidenses dan fe de la creencia en la divinidad de Jesucristo, aunque la definición de "divinidad" varía. La mayoría cree en un Cristo viviente que mora en el interior del ser humano y en el Segundo Advenimiento. Decimos que creemos en el Cielo y, en menos grado, en el Infierno. La mitad de los estadounidenses cree en el diablo. La gran mayoría de los estadounidenses también cree que la Biblia es literalmente la Palabra de Dios o ha sido inspirada por El. Creemos que los diez mandamientos son normas válidas para la vida. En el campo de las experiencias religiosas se ven resultados espectaculares en las encuestas. Una tercera parte de los estadounidenses, cifra extraordinaria y constante, afirma que ha tenido una experiencia espiritual profunda, repentina o gradual, que ha cambiado sus vidas. Estos episodios son a menudo cruciales para el desarrollo de la fe. Pasando a experiencias en el ámbito de la religión tradicional, más de uno de cada tres estadounidenses adultos (36%) indica que Dios le habla directamente. Alrededor de cuatro de cada diez creen que en los tiempos bíblicos Dios hablaba de viva voz directamente al pueblo. Y casi el mismo número piensa que Dios habló por medio de otras personas. Y casi la mitad de los entrevistados cree que Dios habla actualmente por medio de la Biblia o la Sagrada Escritura. Cuarenta y ocho por ciento cree que Dios habla a través de sentimientos o impresiones internas. Cerca de la cuarta parte de la gente dice que Dios habla a través de otra persona y 11% dice que Dios todavía habla en forma audible. (3) La oración tiene significado para muchos estadounidenses. Prácticamente todo el mundo ora, por lo menos en alguna forma, y creemos que nuestras plegarias son oídas. Una proporción constante de cuatro de cada 10 estadounidenses asiste a la iglesia o la sinagoga todas las semanas. Siete de cada diez dicen que pertenecen a una iglesia. Una tercera parte de los estadounidenses sigue algún programa religioso en la televisión todas las semanas. La gran mayoría quiere que sus hijos reciban instrucción religiosa. Millones de estadounidenses asisten a eventos atléticos todos los años, pero muchos más asisten a las iglesias y sinagogas. Los eventos deportivos atraen millones de dólares, pero los cristianos y judíos dan voluntariamente miles de millones de dólares a sus templos.

Entre las instituciones claves que inspiran respeto en la sociedad, la iglesia o la religión institucionalizada están muy cerca de ser la primera y ha mantenido constantemente esa posición desde que comenzara a medirse su alcance hace 20 años. Al clero se le tiene también en alta estima. En términos generales, el público piensa bien de la forma en que atiende las necesidades de sus feligreses y los problemas de sus comunidades.

Menos de una persona de cada diez indica que no tiene preferencia religiosa alguna. Sólo tres de cada 100 estadounidenses dicen que sus vidas no han sido tocadas en absoluto por Jesucristo, ni en el sentido sobrenatural ni como influencia ética o moral. Tres cuartas partes de los estadounidenses declaran que la religión es actualmente muy importante en su vida o lo fue en algún momento. Cincuenta y seis por ciento son practicantes, es decir son miembros de una iglesia o asistieron a un servicio religioso durante los seis meses anteriores, fuera de las fiestas religiosas especiales. El número de practicantes y no practicantes fluctúa permanentemente: muchos de los que se encuentran dentro de la Iglesia están a punto de abandonarla, pero al mismo tiempo muchos fuera de ella quieren unirse. La mitad de los que actualmente no son practicantes dicen que es muy posible que vuelvan a formar parte de la comunidad de practicantes activos.

No debe sorprender entonces que Estados Unidos sea una de las naciones más religiosas de todo el mundo industrializado, en lo que se refiere al nivel de creencias y prácticas religiosas de que se da fe. Cuando se analizan otros países, generalmente se observa una correlación inversa entre los niveles de dedicación religiosa y los niveles de educación. Cuanto más educado sea el pueblo de un país, menor es su dedicación a la religión y es menos practicante. Estados Unidos es único, en el sentido de que tenemos un alto nivel de creencia religiosa y, al mismo tiempo, un nivel alto de educación formal.

El artículo completo se puede consultar en la siguiente página de Internet: http://usinfo.state.gov./journals/itsv/0397/ijss/tablcon.htm

Séptima Parte

Conclusión

El siglo veintiuno tiene características muy particulares que lo destacan por sobre todos los anteriores. La humanidad ha alcanzado la globalización. La ciencia y la tecnología han hecho posible, entre otras cosas, que la verdad de las relaciones sociales se eleve a la esfera mundial. Las distancias se han superado; las barreras van cayendo y la noticia se abre camino. Esto propiciará una plataforma a la comunidad internacional desde la cual se tratará de evitar que en el mundo se sigan dando casos de abuso, enriquecimiento ilícito y tortura por parte de algunos mandatarios con ideas ajenas al desarrollo social.

Los medios masivos de comunicación nos permiten comprobar que las malas decisiones de unas cuantas personas afectan la vida de los demás habitantes del planeta, por este motivo y de ahora en adelante, se empezarán a estandarizar algunas medidas a fin de evitar el colapso de la paz o de la economía mundial.

La realidad del hombre sobre el planeta se hace presente en la conciencia de la comunidad internacional, y gracias a ello, la manera de gobernar a los pueblos se verá exigida a llevar un comportamiento con mayor apego en la democracia. De manera que los sistemas corruptos, demagogos e ineficientes serán desplazados por alternativas cada vez más humanitarias y en las cuales el bien común desplace a las vanas aspiraciones de los particulares.

Ante esta tendencia de la globalización, es impostergable que tratemos de estar a la altura de los acontecimientos. No permitamos que pasen los siglos y que en el mundo siga habiendo claras tendencias hacia mejores niveles de vida y nosotros continuemos inmersos en el subdesarrollo. Ser un país de tercer mundo es algo que no conviene a ningún mexicano. Pensemos por un momento, que si otras personas, como los japoneses o los suizos, vivieran en nuestro territorio, esta parte de la tierra sería diferente. Sería un país limpio, con altos niveles de vida; bajos índices de delincuencia; la injusticia también estaría en niveles muy bajos; la corrupción sería muy poca; los niveles de desempleo bajos; la asistencia médica sería accesible para la mayoría de la población y la enseñanza académica sería de las mejores del mundo. ¡Todo lo contrario a la realidad en que vivimos!

Soy de los que piensan que si los Estados Unidos gobernaran nuestro país, en cuestión de unas cuantas décadas pasaríamos a ser un país del primer mundo, por lo que esto nos lleva a la pregunta obligada: ¿Por qué pasa esto si física e intelectualmente tenemos los mismos recursos? Es tiempo de que nos demos cuenta de que si ellos pueden organizar sus sociedades ¡nosotros también lo podemos hacer! Si ellos pueden construir un hermoso país en nuestro territorio... ¡nosotros también lo podemos lograr!

Entonces... ¿Qué nos hace falta? Estimado amigo, permíteme hablarte con la verdad: para que México cambie y se convierta en la gran nación en la que todos queremos vivir, es necesario que el mexicano cambie su manera de pensar.

En la personalidad del mexicano existen muchos factores que no le permiten funcionar de acuerdo a la realidad actual. El mexicano se quedó atrapado entre la realidad y la melancolía. Una melancolía que lo arrastra hacia el pasado histórico exigiéndole retomar la grandeza de su raza, y con ello, levantarse triunfador ante el asombro del mundo.

Pero como las cosas no le han salido bien, se siente doblemente abrumado por el recuerdo de una conquista que aún le hace sangrar las heridas del alma. Siente que la historia lo ha tratado mal y que de la cima lo han bajado al fondo del abismo.

El mexicano está resentido ante las naciones del mundo pues siente que por culpa suya perdió una gran cultura. Sin cultura propia y por no confiar en enseñanzas extranjeras se rehúsa al orden, la disciplina y al trabajo en equipo. Principios que en su mente adolorida le recuerdan la arbitrariedad del conquistador y por lo cual se rehúsa a trabajar bajo las órdenes de un superior.

Al mexicano no le gusta que le den órdenes y busca el éxito trabajando por cuenta propia. Le aterra la idea de que alguien más lo explote de la misma manera como explotaron a sus antepasados, pero esta forma de pensar no evita que él mismo se convierta en un explotador. Por un lado trata de evitar la explotación hacia su persona pero cuando tiene las circunstancias a su favor se transforma en el explotador de sus colaboradores. El mexicano no sabe de compartir riquezas y está predispuesto a quedarse con la plusvalía del trabajo colectivo.

Estimado amigo, hay que ayudar al mexicano a sanar sus heridas. La historia nos enseña que todos los pueblos de la tierra, en un momento dado, han sufrido guerras, conquistas y humillaciones, sin embargo, no todos están acabados. Hay quienes se levantaron de peores condiciones que las nuestras gracias a la firme determinación por reflexionar y aprender de su desgracia: reflexionando sobre el pasado; valorando el presente y tomando de la realidad humana las herramientas necesarias para construir un mejor estilo de vida. Si algunas naciones del mundo contribuyeron a la desaparición de la cultura mexicana, también es una realidad que han puesto a nuestra disposición: leyes, normas, principios y valores universales. Instrumentos de tal valía que han servido para construir y mantener en funcionamiento a sociedades más avanzadas que la nuestra.

Por tales motivos, no debemos pensar que estamos vencidos y sin posibilidades de desarrollo. El mexicano tiene a su alcance la oportunidad de cimentar el progreso de México, sólo es cuestión de que sane y cambie su manera de pensar. Porque el desarrollo social es ante todo una cuestión mental; así como el desarrollo científico es un proceso mental; un estilo de vida superior a los del primer mundo es una cuestión que se alcanza a través de un adecuado esquema mental.

En la mente del ser humano se encuentra la posibilidad de trascender o sucumbir ante los retos del destino. Por su forma de pensar, el hombre puede convertirse en la mejor o peor de las criaturas del planeta. Todo se reduce a la forma de pensar y a partir de este siglo, cuando la verdad sobre las relaciones humanas salta a la escena de la globalización, la humanidad inicia un proceso para estandarizar esa manera de pensar.

Y no es que en el futuro nos vamos a convertir en robots, nada de eso, seguiremos conservando la individualidad y desarrollando el talento personal que es lo que nos hace diferentes y gracias a lo cual aportamos mejoras a la vida en sociedad (Cap. IX). Lo que sí hemos de hacer es vivir en autenticidad. Vivir con convicciones, fidelidad y apego en los principios y valores universales. Fundamentos de la democracia que engloben un mínimo necesario para que ningún particular, en ninguna parte del planeta, pueda poner en riesgo la economía, paz o justicia social de la humanidad. Esto es el futuro.

Esto es lo que el mundo ha de estandarizar: todos debemos acatar los verdaderos principios y valores humanos (Capítulo XIII). Sin importar a qué religión pertenecemos: ¡Todos debemos acatar los principios provenientes del único Dios verdadero! El Creador de Cielos y tierra es el mismo en todos los rincones del universo, por lo que la tendencia lógica es que la humanidad llegue a coincidir en adorarlo sólo a Él.

Es por esto que todos volverán sus ojos hacia Jesús, el hijo amado del Señor, cuando comprendan es su mente y dentro del corazón, su Proyecto para el Desarrollo Social. Cuando seamos capaces de concebir su estilo de vida lleno de paz, amor y justicia social.

Atrás se quedarán los tiempos en que cada pueblo tenía sus ideas y costumbres propias. Atrás dejaremos la costumbre de que cada persona criaba a sus hijos de acuerdo a su muy particular manera de pensar, sentir y entender las relaciones humanas. Estamos comprobando que las malas decisiones de unos cuantos afectan la vida de los demás, aún cuando se encuentren en el otro extremo del planeta, por lo que el mundo civilizado tratará en el futuro de evitar este fenómeno indeseable.

Dentro de este contexto, La Verdad Social se hace imprescindible para ordenar, planificar y guiar el rumbo de la humanidad. Recordemos que La Verdad Social se inició con la intervención de Dios Padre en nuestra historia y se sigue escribiendo en nuestros días, gracias al protector y guía que Jesús legó a la humanidad: el Espíritu. Él es el actor intelectual por medio del cual podremos acabar con los abusos y explotaciones del hombre sobre otro(s) hombre(s). Utilizando para ello el arma más poderosa que existe en el universo: la verdad. Esa verdad que surge a la escena mundial a partir de este siglo y que con apoyo de la comunidad internacional, poco a poco iremos aplastando a los amantes de la corrupción, la delincuencia y de todo tipo de explotación; a los amantes de las falsedades y la mentira; a los soberbios; inhumanos y prepotentes; a los que aman los privilegios por encima del bien común, y en general, a todo aquél con problemas de actitud antisocial.

Estimado amigo, tenemos todo para desarrollar este país. Como cristianos, herederos de la cultura de verdad y vida, sabemos que Jesús es el Camino, luego entonces, estudiemos su proyecto para el bienestar social. Si esto ha cimentado la grandeza de la Cultura Occidental, a nosotros también nos sacará del tercer mundo. Para empezar con el pie derecho, es fundamental que habilitemos nuestra capacidad innata para diferenciar lo bueno de lo malo. Estamos desperdiciando esta gran virtud que marca la diferencia entre la gente civilizada y los bárbaros. Nuestra manera de pensar está tan confundida que hemos caído en el error de llamarle "bueno" a lo malo y "malo" a lo bueno. Y es así por lo que no podemos avanzar hacia el desarrollo pues no somos capaces de identificar el rumbo correcto. Y como no existe una visión guía y unificadora, el desarrollo del país está sujeto al sentir y pensar de los particulares (sexenios), motivo por el cual cada quién "jala por donde más le conviene" y esta es la razón por lo que nuestros proyectos no llegan a feliz término.

México tiene gente sumamente preparada en todas las áreas del conocimiento humano, sin embargo, su conocimiento es estéril. ¿Por qué? ¡Porque no da frutos buenos! El conocimiento es bueno pero nuestros esquemas mentales son malos. Por este motivo es que "no damos pie con bola". Nos hace falta ubicarnos mentalmente dentro de la realidad; comprender que el mundo se hace más pequeño a medida que crece la población y que el espacio que compartimos es el mismo para todos y que todos somos sólo administradores de los recursos naturales, y que ellos, son patrimonio de la humanidad.

Al mexicano le hace falta apegarse a estos principios para que en su ser pueda desarrollar una Actitud Correcta Ante la Vida. (Actitud que encausa el pensamiento y las obras del ser humano, de tal manera que cada uno de nosotros podamos formar parte de ese grande y maravilloso equipo de trabajo que transformará al mundo para hacer de este planeta un lugar más bello y placentero para todos sus habitantes. Capítulo VII)

¿Y sabes por qué estamos tan desorientados? Porque hemos dejado al margen de la formación personal, milenios y milenios de sabiduría auténtica. Estamos educando al pueblo sin tomar en cuenta las reflexiones y enseñanzas de los más grandes sabios de la antigüedad. Todo ello, conocimiento empírico y revelaciones que desde hace miles de años se ha venido perfeccionando y que a sociedades del primer mundo les ha servido para elevar la calidad humana en las personas.

Estimado amigo, si en realidad te interesa el cambio: debes ir a la base y cimiento de la civilización. Debes analizar el fundamento de los verdaderos principios y valores humanos: ¡Debes leer la Biblia! Abre sus libros y sumérgete en sus enseñanzas. Déjate llenar por su espíritu y rescata todo lo que haga falta para transformarte en un hombre de bien. Alguien con alta calidad humana.

Debes saber que la Biblia fue escrita para todo aquel que se interesa por el orden, la vida en sociedad, el origen de la justicia, la paz y el bienestar social, de ayer, hoy y siempre. Como muestra está el siguiente fragmento:

"Estos son Proverbios de Salomón, hijo de David, rey de Israel. Para que con ellos adquieran sabiduría y educación, y entiendan las palabras que abren la inteligencia, para darles lecciones de buen juicio y así lleguen a ser justos, honrados y leales. La gente sencilla aprenderá a juzgar bien, los jóvenes se instruirán, su espíritu se abrirá. Comprenderán los proverbios y refranes, las palabras de los sabios y sus enigmas. Que el sabio escuche, y ganará en saber; el hombre inteligente sabrá dirigir a los demás. El comienzo del saber es el temor de Yahvé, únicamente los tontos desprecian la sabiduría y la disciplina." (Proverbios 1,1)

Cuando te adentras en el estudio de estos enigmas y misterios de Dios, te das cuenta de que en el universo existe un orden preestablecido. Y que si no nos ubicamos en él, nuestro trabajo no da frutos buenos. Estaremos "remando contra corriente" y padeciendo de todo tipo de vicios y corrupciones. Toma nota del siguiente fragmento y analiza su similitud y veracidad con el modus operandi de la población mexicana y que ya es una costumbre que desgraciadamente estamos heredando de generación a generación:

"¿Cómo es posible, se ha prostituido Sión, la ciudad fiel, el reino de la justicia en que moraba la rectitud, la que se conformaba a mis leyes?, pero ahora sólo es un barrio de asesinos. Tu plata se ha convertido en basura (devaluación), tu vino está mezclado con agua (corrupción) Tus jefes son unos rebeldes, cómplices de ladrones. (¿En dónde hemos visto esto?) Todos esperan recompensa y van detrás de los regalos. No hacen justicia al huérfano ni atienden la causa de la viuda." (Isaías 1,21)

Los vicios en las ciudades son una consecuencia lógica cuando la gente soluciona sus diferencias y necesidades de acuerdo a su muy particular punto de vista; a sus intereses personales y cuando la capacidad reflexiva es utilizada para actuar con alevosía y ventaja. Los males que aquejan a nuestra sociedad son los mismos que han aquejado a todos los pueblos de la tierra, sin embargo, las sociedades desarrolladas se han despegado del resto gracias al enorme acierto de incorporar sabiduría en sus relaciones sociales.

Se dice que la diferencia entre un sabio y un tonto es que el sabio aplica el conocimiento para mejorar su medio ambiente, mientras que el tonto lo ocupa para abusar de los que no saben. La realidad actual es una dicotomía entre la opulencia de unas sociedades y la pobreza extrema en otras; unas son ordenadas y las otras carentes de toda disciplina; en unas se respira la paz y las otras se distinguen por la injusticia; en unas se producen frutos buenos y en las otras, la gente no recoge frutos aunque se abonen los cultivos.

Los años y la experiencia de la vida nos lleva a concluir que todo grupo social tiene sólo dos tendencias: el camino hacia el desarrollo o hacia la pobreza extrema. Una realidad que apunta y refleja otra verdad social en la vida del ser humano, pues has de saber que estamos situados entre la gloria y el infierno.

Aparentemente el hombre está solo en el universo y somos artífices de nuestro propio destino, y aparentemente las ciencias nos librarán de todos los males, pero es sólo apariencia. La verdad es que entre más gente somos, la situación empeora. La delincuencia se incrementa y los lazos afectivos desaparecen dejándonos en una "tierra de nadie". Un lugar en donde para sobrevivir, debes combatir.

Hay un asunto que quiero compartir contigo y que es importante lo tengas siempre presente, de otro modo, nunca lograremos encausarnos armoniosamente con los designios divinos: el hombre no tiene la capacidad para mejorar sus sociedades basándose únicamente en la razón y el intelecto. No somos creadores del destino, más bien, sólo somos sus actores principales.

Coexistimos entre dos polos: el bien y el mal. Algunos los llaman: lo positivo y lo negativo; la buena y la mala vibra; la luz y las tinieblas; energía positiva y energía negativa. No importa cómo los llamen, lo rescatable de todo esto es que la vida del ser humano está regida por dos fuerzas sobrehumanas. Dos opuestos que se han hecho coincidir en el mundo para darle al hombre la posibilidad de forjarse un espíritu lleno de convicciones.

Déjame exponerte cómo funciona esto: haciendo una analogía podemos pensar en que el espíritu humano se "pinta" de blanco cada vez que hacemos cosas buenas, y se torna obscuro, cuando nos dedicamos al mal. Mientras nos movemos entre el bien y el mal, el espíritu toma un color similar a la piel de las vacas. Las manchas negras son reflejos del mal y lo blanco reflejan las obras buenas que hemos realizado.

Cuando andamos por la vida con un espíritu similar a la piel de una vaca, realmente no le somos útiles a ninguno de los dos polos. Ellos requieren de gente auténtica cuya forma de actuar refleje su disposición por seguir hacia uno u otro extremo.

De aquí podemos deducir que en el mundo existen personas que por su mayor elección en la vida se pueden catalogar como: auténticamente buenas y malas (Capítulo XVI). Al hombre se le ha dado la libertad de pertenecer al bando que más crea convenirle. La particularidad de este asunto es que el mal corre tras el hombre, mientras que el bien, espera a que nosotros lo busquemos.

Antes de recibir el Espíritu de manera permanente, recordemos que Jesús fue tentado en el desierto por parte del maligno. Esto es una Verdad Social que debemos tomar en cuenta, pues por ser una medida universal, ha de sucederle a todo hombre sobre la tierra. Y debemos estar preparados para rechazar al mal antes de poder recibir al bien.

De una u otra manera, el maligno dispone las circunstancias para ofrecerse a cada individuo como la mejor alternativa para el éxito y la realización de las personas. Lo anima a obtener bienes materiales de manera inmediata propiciando que en el proceso deba cometer algún tipo de ilícito. Y para mitigar los cargos de conciencia, lo reconforta con la falsa sensación de superioridad que le deja sentir sobre el resto de la población. Aquellos que aceptan caminar bajo el amparo del maligno se destacan del resto. Son prósperos en los negocios y "viven bien" porque el mal paga al igual que lo hace el bien.

Cuando una persona destruye a otra, o a sus posesiones, el maligno la recompensa; cuando le causa dolor físico o penas morales, el maligno la recompensa; cuando abusan de los débiles y desamparados, el maligno recompensa. Cuando confabula para corromper y vulgarizar las buenas costumbres, el maligno recompensa. Digamos que les da suerte para fomentar el mal. El maligno conspira entre sus seguidores para pisotear la dignidad humana; para bajarnos la autoestima y hacernos sentir que somos menos que la nada. Quizá ahora podrás comprender el por qué a algunas personas que actúan mal, les va aparentemente bien.

¿Y de quienes abusan los hijos del maligno? Principalmente de todos aquellos que vagan por el mundo con un espíritu similar al color de la piel de las vacas. Aquellos que no hacen tanto daño a sus semejantes pero que tampoco han tomado la decisión de aplicar en sus vidas los lineamientos del proyecto de Jesús. Esto por ignorancia, insolencia o soberbia, pero para el caso es lo mismo.

Jesús también premia a sus seguidores, pero no como lo hace el maligno que da en abundancia y de manera espontánea. Jesús, primero nos acepta y reconoce como parte de su familia; luego nos instruye de acuerdo a la capacidad y talento que poseemos y poco a poco nos va conduciendo hacia las personas idóneas para que en conjunto trabajemos por el bien común. Jesús requiere de excelentes administradores que optimicen el uso de los recursos disponibles para satisfacer las necesidades y aspiraciones de la población. Nos instruye para que pongamos los ojos, y todo el entendimiento de que disponemos, al servicio de lo más valioso que existe sobre el planeta: El Ser Humano. De todo lo material que existe sobre la tierra... ¡nosotros somos lo más valioso!

Estimado amigo, el día en que "nos caiga el veinte" y empecemos a pensar bajo estos esquemas, ese día México empezará a cambiar. Dejemos atrás el pensar que sólo necesitamos cinco años de trabajo para luego retirarnos a gozar por el resto de nuestra existencia. ¡Esto es falso! Dejemos de pensar que para ser felices requerimos de una gran mansión; criados en cada rincón y el garaje lleno de súper autos. ¡Esto no es posible bajo las actuales circunstancias! Esta forma de pensar favorece a los planes del maligno pues él está dispuesto a complacer a unos cuantos con la condición de que le hagan la vida insoportable al resto.

Por eso Jesús nos exhorta a analizar y utilizar a la verdad de los acontecimientos cotidianos para desenmascarar a los seguidores del maligno, pues ellos sólo buscan los privilegios por encima del bien común. Y aunque los seguidores del maligno se sienten muy listos, no tienen la capacidad intelectual suficiente como para visualizarse como parte de las criaturas en el fondo del infierno, de lo contrario, nadie lo seguiría. Ya no por el daño que les hacen a los demás, sino por el daño que ellos mismos se están haciendo. Por lo cual, es importante tener en mente que el verdadero propósito de la existencia del hombre es participar de una lucha entre el bien y el mal. Que somos expuestos entre la influencia de ambas fuerzas con el fin de comparar sus distintas maneras de actuar, para que finalmente podamos realizar una elección por convicción propia.

Como puedes darte cuenta, la batalla no es entre el sistema capitalista y el socialista, por ejemplo. No es por el triunfo de una doctrina humana sobre otra o de un sistema político sobre los demás, sino que la verdadera batalla es entre el bien y el mal por la implantación en el mundo de un estilo de vida similar al que se practica en el Reino de los Cielos. Proyecto que el maligno rechaza y hace lo posible por detener, pero definitivamente no va a poder porque Jesús encabeza a los hombres que gobernarán el mundo.

El maligno ha estado siempre sobre la faz del planeta, pero ahora, los Hombres Auténticos, con ayuda de la verdad y el Espíritu, lo erradicarán para siempre. (Capítulos I, II, III, IV y VIII) Esto es algo que Dios Padre ha decretado: ¡Jesús gobernará al mundo! Y el siglo veintiuno reúne las circunstancias para acelerar este proceso.

La personalidad del Hombre Auténtico se empieza a formar cuando analizamos las enseñanzas de Jesús y en ellas descubrimos los verdaderos principios y valores de la humanidad. Mantener la atención sobre estos preceptos es lo que nos hará posible crecer en la fe. Y en la medida en que lo razonemos e introduzcamos sus enseñanzas hasta hacerlas parte de nuestro ser, en esa misma medida iremos adoptando una Actitud Correcta Ante la Vida. Esta actitud, junto con el constante trabajo reflexivo, nos hace llegar al terreno de las convicciones. Y como último paso antes de alcanzar la Santidad, se encuentra el Hombre Auténtico. El Hombre Auténtico es la Unidad Fundamental para el Desarrollo Social. Podemos afirmar que Jesús entrego su vida con la esperanza de que a través de sus enseñanzas, el hombre pudiera hacer a un lado su naturaleza y el instinto animal, para comportarse con suficiente Calidad Humana. Porque Hombres Auténticos, con especialidades en todas las áreas del conocimiento, es lo único que se necesita para instaurar en el mundo un estilo de vida similar al que se practica en el Reino de los Cielos. (Capítulo VIII)

No puedo terminar esta labor sin hablar de la Iglesia de Jesús. Y es que todos en un momento dado nos hemos hecho la siguiente pregunta: ¿En manos de quién está la Iglesia? Y no me refiero sólo a la Iglesia católica sino a toda institución que se dice cristiana.

El cambio se inicia en las personas pero debe terminar por motivar el cambio en las instituciones. Y la Iglesia es la primera que debe predicar con el ejemplo: ¡Debe ser Santa! Revisar sus principios y comparar su compatibilidad con la realidad humana para evitar que su gente se transforme en personas abusadora de niños, jóvenes o adultos.

Estar al servicio de la iglesia es una profesión como cualquier otra y en el Capítulo IX compartimos la idea de que si uno se siente bien con lo que hace, el trabajo se transforma en pasión y con esto rendimos mucho más. La iglesia debe buscar la manera de que sus colaboradores se sientan realizados como individuos para funcionar de manera correcta en los objetivos de la institución.

Tampoco debe permitirse que la iglesia se use como "trampolín" para alcanzar poder, fama y una vida en suntuosidad. Esto ofende a la dignidad humana ante la magnitud del hambre y la escasez en que viven millones de personas en el mundo.

Otra cosa fundamental en el deterioro de la mente mexicana fue el hecho de haber recibido al Dios Verdadero por medio de la fuerza. De tal manera que la religión, para la mente del mexicano, es un instrumento para el sometimiento y la explotación de los pueblos. Una manera de pensar muy lógica ante la deplorable experiencia de "ser educados" por el conquistador.

Pero de esto ya han pasado casi 500 años. ¿No es tiempo suficiente para analizar las cosas con más calma? Debemos dejar en el pasado los errores del pasado, de lo contrario, nunca podremos utilizar a la religión como la herramienta que se nos ha heredado para planificar el desarrollo de las sociedades.

Porque la religión verdadera no es un instrumento para el sometimiento de la gente, más bien, es una herramienta para evitar que unos pocos abusen de la desorganización de la muchedumbre; la religión no es un instrumento para la explotación de los pueblos, más bien es la única alternativa para liberarnos de cualquier tipo de explotación por parte de extranjeros o connacionales con intereses ajenos al bienestar común.

La religión verdadera no somete a los pueblos, sino que les da los elementos necesarios para vivir en completa libertad. Toma nota de que esto no te lo dice un conquistador sino una persona igual a ti; un mexicano común y corriente pero que ha tenido la inmensa dicha de comprobar que la religión que recibimos, por parte del conquistador de nuestros antepasados, es la religión verdadera.

La evolución de los principios y valores humanos que generan el bien, el saber y la armonía social, alcanzaron la perfección al entrar Jesús en la historia de la humanidad, y por lo tanto, no tomarlos en cuenta en la planificación de nuestro desarrollo es señal de una forma de pensar totalmente equivocada.

Estimado amigo, el cambio en México no es una opción, sino más bien una necesidad. Cada día que lo aplazamos, permitimos que se destruyan los cimientos de la civilización. Cada día que un funcionario público corrupto deja libre a un delincuente o coopera con ellos, se incrementan las posibilidades de que nuestros seres queridos sean víctimas de los atracos, los secuestros o las drogas. Una realidad que ya no podemos permitir.

Algo que siempre ha desconcertado al ser humano es la incertidumbre sobre la vida después de la muerte. La inmensidad del universo nos causa la terrible sensación de estar completamente solos y utilizamos todos los recursos disponibles para tratar de encontrar alguna forma de vida extraterrestre. Encontrar vida en otros planetas es un asunto que mantiene ocupados a nuestros más grandes científicos, y esta labor comparte las mismas expectativas de aquellos que buscan la inmortalidad del ser humano. Ambos temas conllevan profundas esperanzas por descifrar los enigmas más grandes del universo.

 Quiero afirmar que la inmortalidad está al alcance del hombre, pero no a través del desarrollo científico como lo esperan seguidores de la Teoría Cuántica y otros más. La inmortalidad es una opción al alcance de la humanidad desde hace ya varios milenios sólo que para poder acceder a ella se requiere más de humildad que de ciencia.

Humildad que refleje la verdad del hombre ante su Creador; humildad que nos permita reconocer nuestras limitaciones físicas e intelectuales ante la Grandeza y Perfección del Señor; humildad que nos haga posible aceptar la limitación de nuestro horizonte de comprensión y maravillarnos ante la Grandeza de la Sabiduría divina. Sólo entonces estaremos en posibilidades de suplicar al Creador por vida eterna llevando en el espíritu la certeza de que se nos ha de otorgar, porque su misericordia es tan grande como absoluto es su Poder. Dios Padre quiere vernos acercándonos a Él con la frente en alto, pero esta es la culminación del proceso de perfección al que quiere que todos nos sometamos. El inicio de este proceso se presenta cuando el ser humano se llena de humildad y suplica al Todopoderoso porque lo guíe en este mundo de tal forma que al final de sus días terrenales tenga la posibilidad de salir de este mundo en el mejor estado posible de acuerdo a sus parámetros de perfección.

Quiero afirmar que en todo el universo no hay ser más acaudalado que Dios Padre; nunca nadie ha vestido prendas más exquisitas que las que Él siempre porta; nunca nadie ha vivido entre tanto lujo y confort como vive el Creador, además de que sus posesiones y riquezas son eternas; el más inteligente de los hombres "está en pañales" si lo comparamos con su capacidad reflexiva y razonamiento; su Poder... no tiene comparación.

Dios Padre posee una riqueza inimaginable para la mente humana y lo mismo ocurre con su "ciencia y tecnología", de manera que es un error pensar que el Señor nos quiere ver sucios, desnutridos y harapientos.

La humildad es algo que se lleva en el espíritu no en las ropas. Si hemos leído que el Reino de los Cielos es para los humildes, se refiere a los humildes de espíritu y no a los humildes económicamente hablando. Son dos cosas muy diferentes: podemos hablar de una persona humilde económicamente, pero de corazón soberbio. No todo pobre de dinero es humilde en su corazón. Su contraparte son los ricos humildes y los ricos soberbios. De manera que en el Reino de los Cielos sólo entran los humildes en espíritu y los soberbios son rechazados aunque sus ropas sean humildes o finas. El Señor no sopesa las posesiones sino la calidad del espíritu.

Entonces, al Señor no le disgusta el hecho de que el hombre disfrute de riquezas mientras camina por la vida, para eso nos puso en un mundo lleno de tesoros. Esto no le disgusta, el problema es querer vivir en abundancia a costa de provocar hambre y sufrimiento a los demás. Esto es lo incorrecto y razón por la cual se vio en la necesidad de mandarnos a Jesús, pues a la fecha no hemos descubierto la manera de triunfar en la vida sin entorpecer con el proceso el desarrollo de los demás. Como se ha dicho, la humildad y constitución del Estado (Cap. XVII) son temas que requieren una correcta interpretación.

Debo aclarar que aunque nunca he estado en el Cielo o hablado directamente con alguno de sus ocupantes, mis afirmaciones son el resultado del análisis de la verdad. Es un proceso que entre más se busca, más se encuentra, pues conlleva una proyección particular que nos hace concebir un orden para las cosas más allá de los propios límites.

Por este motivo quisiera gritar hacia los cuatro vientos que Dios Padre realmente existe; que Jesús es el Señor de este mundo y que sólo a través de él podremos alcanzar la perfección de la raza humana. Porque, escúchalo bien estimado lector: es verdad que el hombre puede recibir orientación, ayuda y protección desde el Reino Espiritual del Señor. Y no sólo ayuda moral, sino económica también. ¡Es cierto! Lo digo porque yo lo he recibido. El Señor no sólo da vida eterna (si esto fuera poco) sino que ayuda económicamente a quienes reconoce como sus hijos. Personalmente he experimentado la interacción que el hombre puede establecer con su Creador, para mejorar nuestro nivel de vida, tal y como Jesús lo dijo. ¡Soy testigo de ello!

Hace tiempo me era imposible considerar a Dios como una alternativa para el buen gobierno, pensaba que la ciencia se encargaría de esto, pero una vivencia con lo sobrehumano (Introducción), me hizo comprobar que en la palabra de Jesús se encuentra la verdad sobre el progreso de la humanidad. Esta es la razón por la que hoy me atrevo a afirmar que el fundamento de la verdadera democracia se encuentra en sus enseñanzas. Muchas gracias, y por el bien de todos... ¡Aprendamos a confiar en Jesús!

Padre Nuestro

Jesús nos enseña que debemos llamar "Padre" al Señor del Cielo y de la tierra. Y sin perder de vista que el Creador es el único Ser en total perfección, ahora nos quiere mostrar otra Verdad Universal en la cual se estipula que se le ha concedido al ser humano la posibilidad de vencer la barrera de la muerte y que podemos alcanzar el Reino Espiritual del Señor para llegar a formar parte de la gloriosa familia de Jesús.

Del mismo modo como un niño obtiene de sus padres los elementos culturales, Jesús nos ha querido indicar que todo ser humano es capaz de recibir de Dios Padre, el "Conocimiento Verdadero". Aquello que nos permitirá transformar nuestras sociedades de tal manera que todo ser humano pueda vivir en plenitud y en completa armonía con el resto.

De nuestros progenitores y ancestros obtenemos la cultura del ser humano, pero a través del Proyecto para el Desarrollo Social elaborado por Jesús, es posible recibir la Cultura Divina que Dios Padre siempre ha estado dispuesto a compartir con nosotros.

La misericordia de Dios Padre es tan grande que hoy también nos hace un llamado para que podamos regir nuestra conducta social en base al Conocimiento Verdadero, aquello que nos permitirá unificar nuestra forma de pensar y actuar para que todos podamos unificar nuestras capacidades físicas y mentales y así poder trabajar como un equipo en busca del bien común.

Esto es posible si somos capaces de recibir, y poner en práctica, todo conocimiento que provenga de Él, con la confianza y admiración, con la que un niño acepta lo que sus padres le indican.

Ésta es la idea que Jesús trató de masificar cuando se dirigió a sus Apóstoles en los siguientes términos: "En verdad les digo: quien no reciba el Reino de Dios como un niño, no entrará en él". (Marcos 10, 15)

Que estás en el Cielo

En un lugar muy lejano y fuera del alcance de los ojos y el entendimiento del hombre. Hace poco tiempo el hombre moderno tuvo la esperanza de observar los límites del universo a través del uso de uno de los aparatos más sofisticados que nos ha dado la tecnología de nuestros días: El Telescopio Espacial Hobble.

Por un momento la gran cantidad de escépticos en el mundo pensaron que esta gran maravilla humana iba a ser la herramienta con la cual se analizara la totalidad del universo, y de esta manera, se pudiera demostrar que su origen es producto de leyes y fenómenos naturales.

Y que el desarrollo de la vida sólo es un producto de cuestiones circunstanciales y no una obra del Creador. Pero para mala fortuna de ellos y regocijo nuestro, el gran telescopio nos dio una nueva visión de la magnitud del universo y que habla de la indescriptible Grandeza de nuestro Padre.

Antes del Hobble, el universo se comprendía como una infinidad de estrellas, pero ahora lo debemos concebir como un número infinito de galaxias. En términos reales podemos decir que la Grandeza del Señor tiene un mayor impacto en el entendimiento del hombre moderno, que el asombro que causó en la mente de las generaciones pasadas.

Hoy en día, el ser humano se puede sentir más solo y diminuto dentro de la inmensidad del universo, o regocijarse en mayor medida por la infinita Grandeza de nuestro Padre Celestial.

Lo mejor de todo éste asunto, es que ahora resulta de mayor admiración concebir el hecho de que el Reino de los Cielos está físicamente a una distancia humanamente imposible de calcular, pero al mismo tiempo, tiene ésa incomprensible forma de permanecer íntimamente relacionado con aquellos que son dignos de su Divina Presencia Espiritual.

Santificado sea tu Nombre

Porque no existe un solo hombre sobre la faz de la tierra que sea capaz de volver a pronunciar ese bendito Nombre, digno de toda veneración. Santifiquemos todos el Nombre de nuestro Padre, sin conocerlo, porque los frutos de ello los obtendremos cuando seamos dignos de pronunciarlo ante su Divina Presencia.

Venga a nosotros tú Reino

Todos los días supliquemos a nuestro Padre Eterno, que ilumine nuestro entendimiento para que seamos capaces de interpretar correctamente sus magistrales conocimientos y con esto, seamos también capaces de organizar nuestras vidas.

Supliquemos al Señor que nos guíe con su infinita Sabiduría pues esto fue lo que Jesús nos prometió cuando dijo: "En adelante el Espíritu Santo, el intérprete que el Padre les va a enviar en mi Nombre, les enseñará todas las cosas y les recordará todo lo que yo les he dicho." (Juan 14,26).

A través del Espíritu, nuestro Padre nos irá mostrando los caminos de la Verdad, para que seamos capaces de diferenciarlos y aprendamos a dirigir nuestra vida diaria tomando acciones y decisiones que nos permitan seguir siempre dentro del curso apropiado.

Hoy que nos enfrentamos a problemas humanamente incontrolables como la delincuencia, corrupción y pobreza extrema, por citar sólo algunos de nuestros peores males, supliquemos humildemente a nuestro Padre Celestial, que toque en lo más profundo del corazón del hombre, para que de una vez y para siempre, el ser humano se convenza de que Jesús es la única alternativa real y verdadera para darle sentido a nuestra existencia y perfeccionar nuestras relaciones sociales.

Si alguna vez vamos a dejar de padecer hambre; miserias; enfermedades, y sobre todo, las malas consecuencias que lleva consigo la explotación del hombre por el hombre, será cuando tratemos de establecer en nuestro planeta un Estilo de Vida, inspirado y guiado, desde el Reino de los Cielos.

Hágase tu voluntad aquí en la tierra como en el Cielo

Porque Jesús nos ha enseñado que el amor del Señor es para todos los hombres sin excepción alguna. De manera que nuestro Padre desea que todos podamos alcanzar la perfección de nuestro espíritu para ir a vivir eternamente a su lado. Que se cumpla sobre la faz de la tierra el Proyecto de Desarrollo elaborado por Jesús, es un hecho que beneficiaría a toda la humanidad y borraría para siempre las malas consecuencias, y las grandes diferencias, que a través de los siglos ha ocasionado la imposición de la voluntad humana.

La voluntad del hombre sólo busca el beneficio particular, el de sus seres queridos y el de unas cuantas familias. Desgraciadamente la voluntad de los individuos se ha impuesto por encima del bienestar colectivo. Esta es la razón por la que la humanidad se encuentra dividida en dos grandes grupos antagónicos: Los ricos contra los pobres. Porque dentro de este estado actual de las cosas, los intereses de unos van directamente en contra del patrimonio de los otros.

Por tener una corta existencia, el ser humano es incapaz de concebir un Programa de Desarrollo Mundial, en el que no se margine a ningún individuo, ni a ningún pueblo sobre la faz de la tierra. Por eso debemos suplicar a nuestro Padre, quién todo lo sabe y todo lo conoce, que nos permita encontrar los canales de comunicación con el Espíritu, para lograr el acceso a su Divina Sabiduría y poder sustentar el desarrollo de la humanidad en ésa insustituible piedra angular que es Jesús. De tal manera que podamos vivir libremente dando todo lo mejor de cada uno y aportando para el desarrollo social, todos los logros y frutos de nuestro talento personal.

Una sociedad planificada en base a la inspiración del Reino de los Cielos, aprovecha para el bienestar colectivo todos los frutos producto del talento de los individuos que la integran. Aquí no se trata de sobresalir y tener más que los demás, sino que la sociedad en su conjunto trata de que ninguna persona se quede sin nada, en el desamparo total y aislado del desarrollo colectivo, a causa de la insensibilidad de los individuos. Por eso es importante aprender a servir y poder encausar el desarrollo de nuestros semejantes, porque el que vive para servir... ¡sirve para vivir eternamente!

Danos hoy nuestro pan de cada día

Porque cada día es diferente, pidamos pan para continuar día a día con los problemas y circunstancias que a diario se nos van presentando en este bello camino que nos lleva hasta la gloriosa morada del Señor. Pidamos pan al Padre eterno, para que no sucumba nuestro ser durante ése largo proceso de perfeccionamiento al cual nos ha sometido. ¡Que alimente mi espíritu el Señor para que mi cuerpo pueda continuar su marcha!

Perdona nuestras ofensas como también nosotros perdonamos a los que nos ofenden

Alimenta en mí la virtud de perdonar a mis semejantes, porque como tú mismo lo explicaste, si aprendemos a perdonar a nuestros semejantes, obtendremos el perdón de Dios. Pero si no lo hacemos, jamás podremos ser perdonados y estaremos relegados de la posibilidad de pertenecer a su venerabilísima Familia. (Mateo 6,14)

No nos dejes caer en la tentación

Porque en esta vida de pruebas y tentaciones a veces se nos hace más fácil tomar por el camino corto sin darnos cuenta de que al hacerlo, perdemos una oportunidad para enriquecer y fortalecer nuestro espíritu con un sinnúmero de virtudes.

Las tentaciones nos ofrecen un beneficio inmediato, pero muy engañoso. Porque si lo analizamos a fondo, y a lo largo de los siglos, lo único que obtenemos al hacer caso a las tentaciones es retrasar la llegada del bien común, y con ello, en realidad perdemos más de lo que pudimos haber obtenido, sin importar las cantidades.

El beneficio inmediato de los particulares es la destrucción, a largo plazo, del ente social. ¿De qué le sirve al hombre acumular riqueza, si al mismo tiempo está creando las circunstancias que le impedirán disfrutarla? La explotación y desigualdad social se transforma en delincuencia organizada y al final, la anarquía social se hace presente.

Ceder a las tentaciones nos alejan del camino hacia nuestra perfección. Por este motivo, supliquemos a nuestro Padre para que el Espíritu este siempre a nuestro lado y nos enseñe el camino para triunfar en esta vida y la manera de llevar el pan a la mesa sin ocasionar penas y sufrimientos innecesarios a nuestros semejantes.

Y líbranos del mal

Porque si la Voluntad de nuestro Padre busca nuestro bienestar y la vida eterna, la voluntad del maligno sólo desea que el hombre utilice su capacidad intelectual para autodestruirse y destruir a los demás. Supliquemos a nuestro Padre, que nos libre de las malas intenciones del maligno. Y que sobre la tierra se implante su Voluntad, y no la de los hombres, pero mejor aún, que nunca permita que se haga la voluntad del maligno.

Amen

¡Así sea! Que así se realice todo lo dispuesto por ti, Padre Bueno. En este día deseo externar mi pleno y absoluto consentimiento para que en mí se realicen todos tus planes secretos llenos de Sabiduría y gran fuente de progreso para la humanidad. Te suplico humildemente que tomes "las riendas" de mi presente y planifiques mi futuro con el fin de que en mi existencia se manifieste el verdadero sentido de la vida.

Permíteme ser digno de tu Divina enseñanza con la cual se transformará el hombre y todas sus sociedades para establecer sobre la tierra un reino de vida, paz y justicia social. Cúmplase en mí la maravillosa idea de aprender a "Vivir en la Verdad", sólo para la verdad, y danos fuerzas y el entendimiento necesario para que no aceptemos otra cosa que no sea la verdad.

¿HASTA CUÁNDO MEXICANO?

¿Hasta cuándo dejarás de transitar por el lado equivocado de la historia? Tienes todo lo que se necesita para que vivas en paz: un hermoso territorio; recursos naturales; a tu gente le he dado capacidad y talento para que juntos alcancen la plenitud de la vida.

Esperaré pacientemente a que recapacites. Espero que muy pronto me des la agradable sorpresa de que te has sumado a las iniciativas por conseguir la paz y el progreso del mundo. Esto querrá decir que fuiste capaz de sobreponer el bien común a los intereses personales.

Yo se que te cuesta mucho abstenerte cuando a tu alcance está la posibilidad para adueñarte de las cosas, pero has de saber que no estoy valorando tu capacidad para acumular riquezas, sino la virtud para compartirlas.

En el Reino de mi Padre, las riquezas de este mundo son insignificantes, y por lo mismo, nada sale de aquí. Deja de preocuparte por llegar a mí con las manos llenas, te repito, no me interesan las riquezas, es la vida de tu espíritu lo que me preocupa, por eso te digo: cuida el espíritu que te anima, aliméntalo y fortalécelo, pues yo estaré esperando para que juntos compartamos la verdadera riqueza.

Me regocijo al pensar que llegado el momento he de verte postrado ante la perfección del universo. Entonces, comprenderás que el sacrificio ha sido poco y la recompensa inmensurable. No lo dudes... ¡Estoy esperándote!

ATENTAMENTE

Jesús